もくじ

帝国書院版　社会地理

JN096369

テストの範囲や学習予定日をかこう！

	学習計画	
	出題範囲	学習予定日
↑ 5/14 テストの日		5/10
		5/11

写真提供：アフロ

第1章 世界の姿①

解答 p.1

テストに出る！ ココが要点

1 私たちの住む地球を眺めて

教 p.2～p.3

▷ 海洋と陸地の面積の割合は，およそ7：3。

●(**❶**　　　　　　)…(**❷**　　　　　　　)，大西洋，インド洋の三つ。

●大陸…(**❸**　　　　　)大陸，アフリカ大陸，北アメリカ大陸，南アメリカ大陸，オーストラリア大陸，南極大陸の六つ。

▷ 世界は六つの(**❹**　　　　　)に分けられる。

▼世界の地域区分

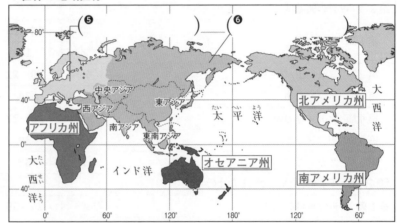

2 いろいろな国の国名と位置

教 p.4～p.7

▷ 世界には190余りの国がある。

▷ (**❼**　　　　　)…周りを海で囲まれている国。

▷ (**❽**　　　　　)…海に面しておらず，周りはすべて，ほかの国との国境線。

▷ イタリアの首都ローマ市内にあるバチカン市国は，テーマパークほどの面積。

▷ (**❾**　　　　　)…国と国との境。

●山脈や川などの自然の地形を利用して決められた国境線。

●緯線や経線を利用して直線的に決められた国境線。

　◇アフリカ大陸には，まっすぐな国境線が多く見られる。

▷ 世界には，さまざまな形や色の(**❿**　　　　　)がある。

●オセアニア州には，「ユニオンジャック」とよばれるイギリスの国旗を，自国の国旗の一部にしている国もある。

満点★ミッション

❶大洋
海洋の大部分を占める大きな海。

❷太平洋
大洋のなかで最も広い海洋。すべての陸地を合わせた面積よりも広い。

❸ユーラシア大陸
アジア州・ヨーロッパ州が属する。最も大きい大陸。

❹州
大陸名と同じ名前の州もある。

❺ヨーロッパ州
ユーラシア大陸の西側の地域。

❻アジア州
ユーラシア大陸の東側の地域。さらにいくつかの地域に分けられる。

❼島国
日本，アフリカ州のマダガスカル，オセアニア州のニュージーランドなど。

❽内陸国
アジア州のモンゴル，南アメリカ州のボリビアなど。

❾国境
国と国の境界。

❿国旗
その国を象徴する旗。

ココが要点の答えになります。

テストに出る！

予想問題 第1章 世界の姿①

⏱ 30分

/100点

1 右の地図を見て，次の問いに答えなさい。

(1)6点，他9点×6〔60点〕

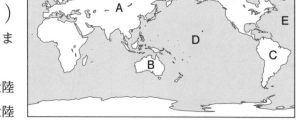

地図1

(1) 地球上で，陸地と海洋の面積の割合は，およそどのくらいですか。

陸地：海洋＝（　　　　　　　　）

(2) A〜Cの大陸名をそれぞれ何といいますか。

A（　　　　　　　）大陸

B（　　　　　　　）大陸

C（　　　　　　　）大陸

(3) D，Eの海洋名を書きなさい。

D（　　　　　　　）

E（　　　　　　　）

地図2

(4) 地図1中に表されているが，地図2中には表されていない大陸があります。Bのほか，もう1つは何という大陸ですか。

（　　　　　　　）

2 右の地図を見て，次の問いに答えなさい。

5点×8〔40点〕

(1) A〜Cの州名をそれぞれ何といいますか。

A（　　　　　　　）州

B（　　　　　　　）州

C（　　　　　　　）州

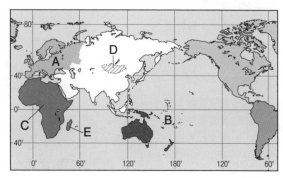

(2) A・Bの州に含まれる国を，次からそれぞれ選びなさい。

A（　　）　B（　　）

ア　ニュージーランド

イ　スイス

ウ　アメリカ合衆国

(3) Dのように，海に面していない国のことを何といいますか。　（　　　　　　　）

(4) Eのように，周りを海で囲まれている国を何といいますか。

（　　　　　　　）

(5) 日本が属する州名を何といいますか。　（　　　　　　　）

第1章 世界の姿②

満点★ミッション

❶経度
東西180度に分かれる。

❷赤道
0度の緯線。エクアドルなどを通る。

❸本初子午線
0度の経線。イギリスのロンドンを通る。

❹緯線
赤道に平行に引く線。南北に90度ずつ。

❺北緯
北半球にある国・都市の位置を表す。南半球は南緯で表される。

❻経線
北極点と南極点とを結ぶ線。東西に180度ずつ。

❼イギリス
ユーラシア大陸の西に位置し、ヨーロッパ州に属する。

❽地球儀
地球の形や陸地と海洋の位置関係などが正しく表される。

❾世界地図
地球儀とは異なり、距離、面積、形、方位などを一度にすべて正しく表すことはできない。

❿方位
特に指定がなければ、地図は上が北を指す。

テストに出る！ ココが要点　解答 p.1

1 緯度と経度　教 p.8〜p.9

▶ 国や都市の位置は、緯度と（❶　　　　　　　）で表せる。

▼緯度・経度

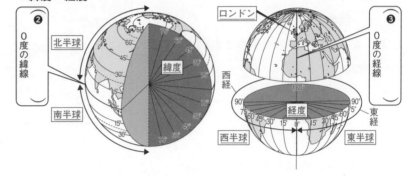

❷ 0度の緯線　北半球　南半球　緯度
ロンドン　❸ 0度の経線　西経　東経　経度　西半球　東半球

● 同じ緯度を結んだ線を（❹　　　　　　）という。
　◇赤道より北側を（❺　　　　　　）、南側を南緯と表す。
● 同じ経度を結んだ線を（❻　　　　　　）という。
　◇本初子午線は、（❼　　　　　　）の首都ロンドンを通る。
　◇本初子午線より東側を東経、西側を西経と表す。

2 地球儀と世界地図の違い　教 p.10〜p.12

▶ （❽　　　　　　）の特徴…地球の模型。距離、面積、形、方位などが正しい。

▶ （❾　　　　　　）の特徴…持ち運んだり、全体を一度に見たりするために作られた。

● 面積が正しい地図など、目的に応じてさまざまな地図が作られた。

▶ （❿　　　　　　）…東西南北。8方位は、東西南北に北東、南東、南西、北西を加えたもの。16方位はさらに細かく分けられる。

▼さまざまな図法の地図

1 緯線と経線が直角に交わる地図

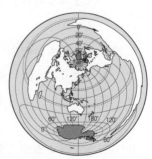

2 中心からの距離と方位が正しい地図

ココが要点の答えになります。

テストに出る！

予想問題 第1章 世界の姿②

⏱ 30分

/100点

1 右の地図を見て，次の問いに答えなさい。

10点×5〔50点〕

(1) Aは緯度0度を示す緯線です。この緯線は特に何とよばれていますか。（　　　　　　）

(2) Aの緯線から北極点まで，緯度は何度ありますか。（　　　　　　）度

(3) Bは経度0度を示す経線です。この経線を特に何といいますか。（　　　　　　）

(4) Bの経線が通る，ロンドンを首都とする国はどこですか。（　　　　　　）

✐記述 (5) ある2点間の最短距離を地図中に示すと曲線になることがあります。その理由を，「地球」という語句を用いて簡単に説明しなさい。

（　　　　　　　　　　　　　　　　　　　　　　）

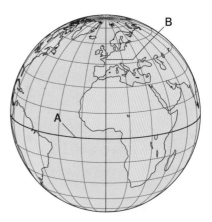

2 右の地図を見て，次の問いに答えなさい。

10点×5〔50点〕

(1) 地図の中心からの距離と方位が正しく表されている地図は，**地図1，地図2**のどちらですか。（　　　　　　）

(2) 距離，面積，方位のすべてを正しく表すことができる，地球を小さくした模型を何といいますか。

（　　　　　　）

🖊よく出る (3) **地図1**中の**X**の大陸を，**地図2**中の**ア〜エ**から選びなさい。（　　　）

🖊よく出る (4) 東京から東の方向に向かったときに，最初に着く都市を，次から選びなさい。（　　　）

ア　ニューヨーク　　イ　ブエノスアイレス

ウ　ロンドン　　　　エ　ナイロビ

(5) 東京のおよその位置を，緯度と経度で示したとき，最もふさわしいものを次から選びなさい。（　　　）

ア　北緯36度　東経140度

イ　南緯36度　東経140度

ウ　北緯36度　西経140度

エ　南緯36度　西経140度

地図1　東京を中心とした地図

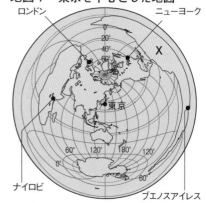

地図2

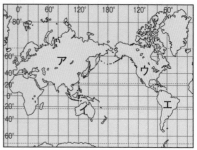

第2章 日本の姿①

満点★ミッション

❶緯度
　日本はおよそ北緯20度から50度と表せる。

❷経度
　日本はおよそ東経120度から155度と表せる。

❸ユーラシア大陸
　地球上で最も広い大陸。

❹太平洋
　世界で最も広い大洋。

❺日本海
　ユーラシア大陸と日本列島の間にある海。

❻時差
　2つの都市の経度差が大きいほど時差も大きくなる。

❼標準時子午線
　この経線の真上を太陽が通った時（南中）が標準時の正午となる。

❽標準時
　その国の基準となる時刻。

❾東経135度
　日本の標準時子午線の経度。

❿日付変更線
　西から東にこえたときは日付を1日遅らせ，東から西にこえたときは日付を1日進める。

テストに出る！ ココが要点　解答 p.2

1 世界の中での日本の位置　教 p.14〜p.15

▷ 緯度，経度，大陸，国などで日本の位置を表すことができる。

● 日本の位置を（❶　　　　　　）で見ると，アメリカ合衆国，中国，アフリカ大陸北部からヨーロッパ南部と同じくらい。

●（❷　　　　　　）で見ると，オーストラリアやロシアの東部と同じくらい。

● 大陸との位置関係…日本は（❸　　　　　　）大陸の東。

● 国との位置関係…アメリカ合衆国から見て，日本は大洋の一つの（❹　　　　　　）を挟んだ島国。

● 韓国から見て，日本は（❺　　　　　　）を挟んで東。ロシアの東部から見て，日本はオホーツク海や日本海を挟んで南。

● ヨーロッパから見て，日本・中国などは「極東」とよばれる。

2 時差でとらえる日本の位置　教 p.16〜p.17

▷ 地球はほぼ24時間で1回転（360度）する。

● 360度÷24時間＝15度…経度が**15度**違うと1時間の（❻　　　　　　）が生じる。

▷ 世界各国は，（❼　　　　　　）を決めて，それに合わせた時刻を（❽　　　　　　）としている。

● 日本は，兵庫県**明石市**を通る（❾　　　　　　）度が基準。

● アメリカ合衆国やロシアなど国土が東西に長い国では，標準時が複数あることもある。

▼世界の等時帯と時差

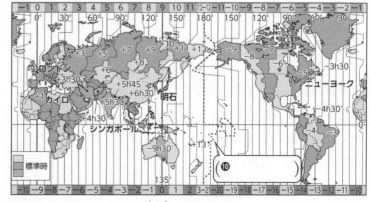

▷ 同じ標準時を用いる地域を等時帯という。

テストに出る！ 予想問題　第2章 日本の姿①

⏱30分　　/100点

1 右の地図を見て，次の問いに答えなさい。　　7点×10〔70点〕

よく出る (1) 日本は何という大陸と何という大洋の間に挟まれていますか。

大陸（　　　　　　　　）

大洋（　　　　　　　　）

(2) 日本を含む東アジアは，ヨーロッパからみると何とよばれることがありますか。漢字2字で書きなさい。

（　　　　　　　　）

(3) 国土全体が日本とほぼ同緯度の国を，□□□から3つ選びなさい。

（　　　　　　）（　　　　　　）（　　　　　　）

| イギリス　　スペイン　　インドネシア　　トルコ　　エジプト　　チリ |

よく出る (4) 日付を調節する役割を果たすAの線の名称を書きなさい。　（　　　　　　　）

(5) Bの線は，日本の標準時の基準となる子午線です。この子午線は東経または西経何度ですか。　（　　　　　　　）

(6) イギリスの標準時子午線は経度0度です。日本との時差は何時間になりますか。

（　　　　　　　）時間

(7) 東京が1月1日午後4時のとき，アメリカ合衆国のロサンゼルスは何月何日の何時ですか。午前か午後をつけて書きなさい。ロサンゼルスの標準時子午線は西経120度とします。

（　　　　　　　　　　　）

2 右の地図を見て，次の問いに答えなさい。　　6点×5〔30点〕

(1) Xにあてはまる海を，次から選びなさい。

（　　　）

ア　東シナ海　　イ　オホーツク海　　ウ　日本海

(2) 日本の近隣の国々である，A〜Dの国名をそれぞれ何といいますか。

A（　　　　　　）　B（　　　　　　）

C（　　　　　　）　D（　　　　　　）

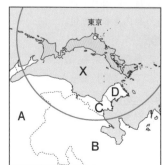

第2章 日本の姿②

満点★ミッション

❶領域
国の主権が及ぶ範囲のこと。

❷領土
領域の1つ。陸地を示す。

❸領空
航空機などが飛ぶ高度の範囲。

❹排他的経済水域
沿岸国が水産資源や鉱産資源を利用する権利をもつ海域。

❺北方領土
日本がロシアに対して返還を求めている島々。北海道に属する。

❻竹島
明治時代には漁業が盛んだった。島根県に属する。

❼尖閣諸島
沖縄県に属する。石油などの資源がある可能性が注目。1970年代から中国が領有権を主張。

❽都道府県
廃藩置県で始まった地方の政治を行うための基本の単位。

❾府
首都の東京も，かつては「府」だった。

❿都道府県庁所在地
都道府県庁・都道府県議会などが置かれている。

---

1 日本の領域とその特色　教 p.18〜p.21

▷　一つの国の範囲を（❶　　　　　　）といい，陸地である（❷　　　　　　），領土から一定の範囲である**領海**，領土と領海の上空である（❸　　　　　　）からなる。

- 日本の領海は，海岸線から**12海里**（約22.2km）の範囲。
- 日本…北海道，本州，四国，九州の四つの大きな島と数千の小さな島々が約3000kmにわたって細長く連なる島国。
  - ◇国土面積は約**38万km²**。

▷　（❹　　　　　　）…領海の外側で，海岸線から**200海里**（約370km）以内の範囲。

- 沖ノ鳥島…水没を防ぐため，護岸工事が行われる。

▷　**接続水域**…領海の外側で，海岸線から24海里までの範囲。

▷　日本の領域は，**国際法**に基づいて定められてきた。

▷　（❺　　　　　）…**歯舞群島，色丹島，国後島，択捉島**からなる。現在はロシアが不法に占拠している。

▷　（❻　　　　　）…**韓国**が不法に占拠している。

▷　（❼　　　　　）諸島…1895年に沖縄県に編入。

▼日本の東西南北の端と排他的経済水域

日本の排他的経済水域（着色部分に領海，接続水域も含む）
0　1000km
択捉島
東京
南鳥島
与那国島
沖ノ鳥島

2 都道府県と県庁所在地　教 p.22〜p.24

▷　（❽　　　　　）…東京は「**都**」，北海道は「**道**」，大阪と京都は「（❾　　　　　）」，その他は「**県**」。1都1道2府43県。

- 都道府県庁が置かれている都市…（❿　　　　　）。
- 都道府県の境界線は，都道府県境とよばれる。

▼都道府県と県庁所在地

■●道県所在地名と名前が異なる道県名（道県庁所在地名）

テストに出る!

予想問題　第2章 日本の姿②

⏱ 30分　　/100点

1　右の地図を見て，次の問いに答えなさい。　　10点×7〔70点〕

(1)　A，Bは，日本の端にあたります。A，Bの島名を，次からそれぞれ選びなさい。

A（　　　）　B（　　　）

ア　与那国島　　イ　沖ノ鳥島
ウ　択捉島　　エ　南鳥島

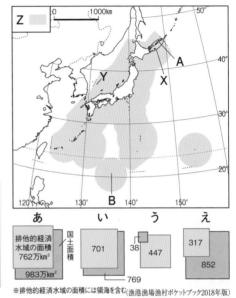

(2)　次の文中のa〜cにあてはまる語句をそれぞれ書きなさい。

> 地図中のXは（　a　）で日本固有の領土であるが，現在は（　b　）に不法に占拠されている。また，地図中のYは（　c　）であり，韓国が1952年から不法に占拠している。

※排他的経済水域の面積には領海を含む(漁港漁場漁村ポケットブック2018年版)

a（　　　　　）　b（　　　　　）　c（　　　　　）

記述(3)　Zが示す排他的経済水域とはどのような水域ですか。「沿岸国が」に続けて簡単に書きなさい。

沿岸国が（　　　　　　　　　　　　　　　　　　　　　　　）

(4)　図中のあ〜えは，日本，アメリカ合衆国，オーストラリア，ブラジルの国土面積と排他的経済水域の範囲を示しています。日本をあ〜えから選びなさい。　　（　　　）

2　右の地図を見て，次の問いに答えなさい。　　5点×6〔30点〕

(1)　A〜Dの県の県庁所在地名を書きなさい。

A（　　　　　）
B（　　　　　）
C（　　　　　）
D（　　　　　）

(2)　E，Fの2つの「府」の名称をそれぞれ書きなさい。

E（　　　　　）
F（　　　　　）

第2部 世界のさまざまな地域

第1章 人々の生活と環境①

満点★ミッション

❶熱帯
一年中気温が高く，四季の変化がない。降水量が多い。

❷乾燥帯
雨が非常に少ない。

❸温帯
四季の変化がはっきりしている。

❹亜寒帯〔冷帯〕
比較的高緯度の地域に広がる。

❺寒帯
亜寒帯よりさらに高緯度の地域に広がる。

❻スコール
強い風を伴う大粒の雨。

❼熱帯林
熱帯地域に広がる森林。

❽砂漠
砂や岩が一面に広がる。

❾オアシス
乾燥した地域で水を得られるところ。ここで得られる水は洗濯などにも使われる。

❿遊牧
草や水を求めて，移動しながら家畜を飼育する。

⓫地中海性気候
夏に乾燥し，冬に雨が多い温帯の気候。

テストに出る！ **ココが要点**　　解答 p.3

1 世界のさまざまな生活と環境　　教 p.26〜p.29

▶ 世界各地の市場を眺めると，売られているものや人々の衣服が違う…地域の環境が人々の衣・食・住に影響を与える。

▶ 世界にはさまざまな気候が見られる。

- (❶　　　　　　　)帯…一年中高温で雨が多い**熱帯雨林気候**と，雨季と乾季に分かれる**サバナ気候**。

- (❷　　　　　　　)帯…砂や岩の砂漠が広がる**砂漠気候**と少しだけ雨が降り，草原が広がる**ステップ気候**。

- (❸　　　　　　　)帯…降水量の多い**温暖湿潤気候**，1年の気温と降水量の差が小さい**西岸海洋性気候**，雨が冬に多く夏に少ない**地中海性気候**。

- (❹　　　　　　　)帯…冬の寒さが厳しく，夏と冬の気温差が大きい。針葉樹の森が広がる。

- (❺　　　　　　　)帯…一年中寒さが厳しい。夏の間こけ類が生える**ツンドラ気候**と，一年中雪と氷に覆われる**氷雪気候**。

- ●標高が高い地域では高山気候が見られる。ほかの気候帯と区別。

2 暑い地域の暮らし　　教 p.30〜p.31

▶ インドネシアなど，赤道付近には**熱帯**が広がる。

▶ インドネシアでは，(❻　　　　　　　)という雨が降り，一年中緑の葉が茂る(❼　　　　　　　)が広がる。また，伝統的な家は熱や湿気を防ぐため高床になっている。

3 乾燥した地域の暮らし　　教 p.32〜p.33

▶ アラビア半島には，乾燥した(❽　　　　　　　)が広がる。

▶ 乾燥した地域の人々は，水を得やすい(❾　　　　　　　)周辺で生活している。**かんがい**で小麦・なつめやしなどを栽培。

▶ 羊・らくだなどを飼う(❿　　　　　　　)も行われている。

4 温暖な地域の暮らし　　教 p.34〜p.35

▶ **温帯**は，日本も属し，1年を通して温暖な地域。

▶ スペインは(⓫　　　　　　　)気候に属する。

▶ 暑い夏の日中にシエスタとよばれる休憩→廃止の動き。

- ●雨が少なく日ざしの強いスペインでは，太陽光発電が盛ん。

テストに出る！
予想問題

第1章 人々の生活と環境①

⏱ 30分

/100点

1 次の問いに答えなさい。

10点×6〔60点〕

よく出る (1) 地図中の **A〜C** の地点の気候帯を，次からそれぞれ選びなさい。

A（　　） B（　　）

C（　　）

ア　温帯　　イ　乾燥帯

ウ　熱帯　　エ　寒帯

オ　亜寒帯(冷帯)

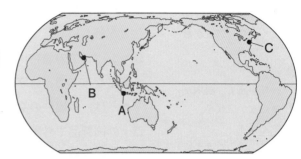

(2) 熱帯で，雨季と乾季がはっきり分かれる気候を何といいますか。（　　　　　　　　）

(3) 温帯のうち，次の①・②にあてはまる気候をそれぞれ何といいますか。

①（　　　　　　　） ②（　　　　　　　）

① 冬と夏の気温差が大きくて降水量が多く，日本の大部分が含まれる。

② 偏西風と暖流の影響で，1年を通じて気温と降水量の差が小さい。

2 次の文を読んで，あとの問いに答えなさい。

8点×5〔40点〕

> 赤道付近の熱帯の地域では，1日の天気は変わりやすく（　A　）という雨がよく降る。そのため，熱と湿気がこもらないように，伝統的な家は高床になっている。
>
> アラビア半島には広大な砂漠が広がっている。人々は a地下水や井戸により水を得やすい場所の周辺に集まり，水が少なくても育つ作物の栽培や，らくだや羊の b遊牧を行ってきた。近年では，都市化が進んだ地域も見られ，冷房により快適なショッピングセンターで買い物を楽しむ人も見られる。
>
> スペインは（　B　）気候に属し，c日差しが強い夏は乾燥するため，これに強い作物を作っている。

よく出る (1) 文中の **A・B** にあてはまる語句をそれぞれ書きなさい。

A（　　　　　　　） B（　　　　　　　）

(2) 下線部 **a** のような場所を何といいますか。（　　　　　　　　）

記述 (3) 下線部 **b** について，遊牧とはどのような牧畜のことですか。簡単に書きなさい。

（　　　　　　　　　　　　　　　　　　　　　　　）

(4) 下線部 **c** にあてはまるものを次から選びなさい。（　　）

ア　タロいも　　イ　米　　ウ　オリーブ　　エ　小麦

ちょっとひといき　　暑いから半袖の服を着る…自然は文化や産業と深くかかわっているよ！

第2部 世界のさまざまな地域

第1章 人々の生活と環境②

満点★ミッション

❶亜寒帯〔冷帯〕
夏と冬の気温差が大きく、冬は寒さが厳しい気候帯。

❷寒帯
一年中寒く、樹木が育たない気候帯。

❸永久凍土
一年中凍ったままになっている土壌。

❹放牧
放し飼いにすること。えさを求めて移動する遊牧とは異なる。

❺日干しれんが
土を乾かして作ったれんが。

❻住居
木や草、石や土を材料にしたものがある。

❼主食
日常の食事の中心となる食べ物。

❽衣服
寒さ、暑さ、日ざしから身を守る役割。木綿や麻、毛皮などの素材がある。

❾キリスト教
ヨーロッパから南北アメリカ、オセアニアなどに広まる。

❿イスラム教
西アジアを中心として北アフリカなどにも広まる。

⓫仏教
東南アジアから東アジアにかけて広まる。

テストに出る！ ココが要点　解答 p.3

1 寒い地域の暮らし　教 p.36〜p.37

▷ 地球の高緯度の地域には、(**❶**　　　　　)<u>帯</u>や、年中寒さが厳しい(**❷**　　　　　)<u>帯</u>の気候が広がる。

▷ シベリアの建物は、(**❸**　　　　　)がとけないように高床になっている。窓は二重、三重。厚さ30cmの壁で寒さを防ぐ。
　●冬は、保温性の高い毛皮のコートや帽子を身につける。

▷ 外国製品や外国の食文化が流入し、スーパーマーケットで冬でも新鮮な野菜や果物が手に入るようになっている。

2 高地の暮らし　教 p.38〜p.39

▷ 赤道近くの<u>アンデス山脈</u>…標高4000mを超える高地に人々が暮らす。1日の昼と夜の気温差が20〜30℃。

　●農業…とうもろこし・じゃがいもなどを作る。農業に不向きな地域では、リャマ・アルパカの(**❹**　　　　　)をしている。

　●住居…壁は石や(**❺**　　　　　)。屋根には瓦。

　●生活の変化…携帯電話が普及し、インターネット回線が整備。

　●観光地…世界遺産のマチュピチュなど、観光の仕事が増える。

3 世界各地の衣食住とその変化　教 p.40〜p.41

▷ (**❻**　　　　　)…地域で手に入りやすい材料で建てる。

▷ (**❼**　　　　　)…日本・中国南部・東南アジアなどの雨が多い地域は米。米よりも雨が少ない地域は小麦。

▷ (**❽**　　　　　)…気候の違いが素材や形に反映される。

4 人々の生活と宗教の関わり　教 p.42〜p.43

▷ 宗教…世界に数多くあり、生活や文化に関わる。

　●(**❾**　　　　　)<u>教</u>…クリスマスやキリストの生誕を基準にした西暦などが世界各地に影響。世界で最も信仰する人が多い。

　●(**❿**　　　　　)<u>教</u>…日常生活に関する細かいきまり。

　●(**⓫**　　　　　)<u>教</u>…中国や朝鮮半島を通じて日本にも伝わる。建築などの日本の文化にも大きな影響を与える。

　●<u>ヒンドゥー教</u>…インドの約8割の人々が信仰。<u>カースト</u>とよばれる身分制度により、職業・結婚の範囲が限定。→現在は禁止。

　●ヒンドゥー教・<u>ユダヤ教</u>・<u>神道</u>は特定の地域や民族と結び付く。

テストに出る！

予想問題　第1章 人々の生活と環境②

⏱ 30分

/100点

1 右の地図を見て，次の問いに答えなさい。　(2)10点，他9点×5〔55点〕

(1) 次の文中の（　　）にあてはまる語句を書きなさい。（　　　　　）

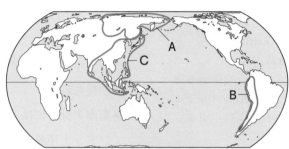

> Aはシベリア地域で，気候帯は
> （　　）と寒帯である。

📝記述 (2) 右の写真のように，Aの地域に高床の住居が見られる理由を「永久凍土」という語句を用いて簡単に説明しなさい。

（　　　　　　　　　　　　　　　　）

(3) 次の文中の①・②にあてはまる語句を書きなさい。

①（　　　　　　）　②（　　　　　　）

> （ ① ）山脈周辺の地図中のBではじゃがいもやとうもろこしの栽培，リャマなどの（ ② ）を行う。

(4) Aの地域にあてはまるものを，次からすべて選びなさい。　（　　　　　）

ア　毛皮のコートや帽子をかぶる。　　イ　アルパカの毛でつくった衣服を重ね着する。

ウ　家の壁に石や日干しれんがを用いる。　　エ　家の窓を二重，三重にする。

よく出る (5) 地図中のCの地域の主食は何ですか。　（　　　　　）

2 次の文を読んで，あとの問いに答えなさい。　9点×5〔45点〕

> （ A ）はタイなどの東南アジアや東アジアに，（ B ）はヨーロッパや南北アメリカなどに広がった。（ C ）は聖地メッカのある西アジアやアフリカの北部などに広がり，a日常生活に関わるきまりがある。bインドでは菜食主義の人が多い。

よく出る (1) 文中のA〜Cにあてはまる宗教をそれぞれ書きなさい。

A（　　　　　）　B（　　　　　）　C（　　　　　）

(2) 下線部aにあてはまるものを次からすべて選びなさい。　（　　　　　）

ア　1年のうち，約1か月間断食を行う。　　イ　出家して僧侶となる。

ウ　日曜日に教会でいのりをささげる。　　エ　金曜日にモスクでいのりをささげる。

(3) 下線部bで現在最も信仰する人が多い宗教は何ですか。　（　　　　　）

第2章第1節 アジア州①

テストに出る！ ココが要点　解答 p.4

❶**ヒマラヤ山脈**
世界最高峰のエベレス山がある。

❷**黄河**
チベット高原から流れる大河。中国では長江に次いで2番目に長い。

❸**東アジア**
ユーラシア大陸の東で，日本を含む地域。

❹**季節風**
半年ごとに吹く向きが変わる風。

❺**稲作**
米を作ること。世界の米の大部分はアジアでつくられている。

❻**畑作**
小麦や野菜などを畑で栽培している。

❼**遊牧**
羊やらくだなど家畜とともに，草や水を求めて移動する牧畜。

❽**仏教**
シルクロードを通じて，中国や朝鮮半島，日本へ伝わった宗教。

❾**イスラム教**
アラビア半島で生まれた宗教。

❿**ヒンドゥー教**
牛を神の乗り物として大切にする宗教。

⓫**キリスト教**
ヨーロッパの植民地支配と布教活動により広まる。

1 アジア州の自然環境　教 p.50～p.51

▷ およそ50の国々がある。

●**西アジア**では，アラビア半島などに砂漠が見られる。

●**東南アジア**には，インドシナ半島や多数の島々がある。

●（❸　　　　　　　）には中国など。**南アジア**にはインドなどの国がある。

●大陸の内陸部は**中央アジア**。北部は**シベリア**。

▼アジア州

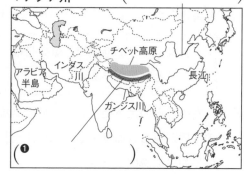

（❷　　　　　　　）

チベット高原
インダス川
長江
アラビア半島
ガンジス川
（❶　　　　　　　）

▷ 気候…5つの気候帯がすべて見られる。

●赤道から，緯度が高くなるにつれ<u>熱帯→温帯→亜寒帯（冷帯）</u>。

●北極海の周辺などに<u>寒帯</u>，西アジアから中央アジアには<u>乾燥帯</u>。

●島国はおおむね湿潤。大陸に位置する国々は，海からの（❹　　　　　　　）（**モンスーン**）により，降水量に差。

◇夏に海から湿った風が吹くと，雨が降り<u>雨季</u>となる。

◇冬に内陸から乾いた風が吹くと，雨が減り<u>乾季</u>となる。

2 アジア州の農業・文化と経済発展　教 p.52～p.53

▷ 農業…降水量の多いインドのガンジス川流域や中国南部などでは，<u>かんがい</u>による（❺　　　　　　　）が盛ん。

●中国北部やインド西部は降水量が少なく（❻　　　　　　　）が中心。

●西アジアや中央アジアでは，オアシス周辺以外の地域で主に羊やらくだの（❼　　　　　　　）が行われる。

▷ 宗教…（❽　　　　　）<u>教</u>はインドで生まれ，東南アジアや東アジアに伝わる。（❾　　　　　　）<u>教</u>は西アジアや中央アジアで広く信仰されている。インドでは（❿　　　　　）<u>教</u>，フィリピンでは（⓫　　　　　　）<u>教</u>が多数を占める。

▷ アジアには，経済発展により<u>都市化</u>が進んだ国が多く，シャンハイ，デリーなどの<u>巨大</u>都市が生まれている。

③ 経済成長を急速に遂げた中国　教 p.54〜p.55

▶ 中国はインドと並んで人口が多い。

- かつては人口の8割が農村で暮らしていた。現在は人口の半数以上が都市に集中。経済発展で，消費も大きく伸びた。
- 高齢化が進み，（⑫　　　　　　　　　）政策が見直された。

▶ 工業化を進めるため，外国企業を招いた。

- 沿海部に設けた（⑬　　　　　　　　　）に，外国企業が次々と進出。衣類や家電製品などが世界各地に輸出されたことから，「世界の（⑭　　　　　　　　）」とよばれるようになった。

▶ シャンハイ，ペキン，シェンチェンなどが巨大な都市として成長。

- 都市と農村の間，沿海部と内陸部の間では（⑮　　　　　　　　）がみられる。→経済が十分に発展していない地域から都市や沿海部に出稼ぎに行く人が1億人を超える。

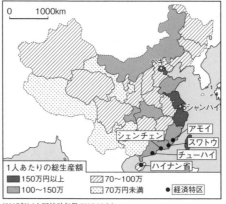

1人あたりの総生産額
- ■ 150万円以上
- ■ 100〜150万　▨ 70〜100万
- □ 100〜150万　□ 70万円未満　● 経済特区

(2017年)(中国統計年鑑 2018 ほか)

▶ 経済発展に伴い，（⑯　　　　　　　　　）などの環境問題が深刻。

- 石炭・石油などの化石燃料の大量消費が原因。
- 太陽光や風力など，（⑰　　　　　　　　）エネルギーの導入が進む。

④ 最も近い隣国，韓国　教 p.56〜p.57

▶ 韓国語は（⑱　　　　　　　　）という文字を使う。

▶ 祖先を敬うなど，（⑲　　　　　　　　）教の影響が見られる。

▶ かつては衣服などをつくる軽工業が盛んだったが，日本など外国の資金援助を受け，造船・製鉄など重工業が発達した。

▶ 1980年代には家電製品の製品が増加したが，1990年代後半以降は経済が混乱し，経済危機に陥った。

- その後，技術革新が進められ，（⑳　　　　　　　）(ICT)関連産業の育成が進められた。

▶ 韓国では，首都ソウルに政治・経済の（㉑　　　　　　　）集中が進んでいる。地方との間に就業や収入に格差。

満点★ミッション

⑫ 一人っ子政策
一組の子どもの数を原則一人に制限していた政策。2016年に見直された。

⑬ 経済特区
外国企業が進出しやすいように，税金を優遇するなどの法律を適用している地区。

⑭ 世界の工場
中国で生産されたさまざまな工業製品が世界中で使われることからついたよび名。

⑮ 経済格差
地域による人々の収入の差。

⑯ 大気汚染
工場から出る煙などによって，大気(空気)が汚れること。

⑰ 再生可能エネルギー
くりかえし利用することができるエネルギー。

⑱ ハングル
朝鮮半島で15世紀につくられ，漢字に代わって用いられた。

⑲ 儒教
年長者を大切にするなどの思想。中国で生まれた。

⑳ 情報通信技術
携帯電話やインターネットなどの技術。

㉑ 一極集中
政治・経済など，さまざまな機能が一か所に集中すること。

テストに出る！

予想問題　第2章第1節　アジア州①

⏱ 30分

/100点

1 右の地図を見て，次の問いに答えなさい。

5点×5〔25点〕

(1) アジア州を細かく分けたとき，①中国，②インドが含まれる地域を，□□□から選びなさい。

① (　　　　　　　　　)

② (　　　　　　　　　)

西アジア	東アジア	東南アジア
中央アジア	南アジア	

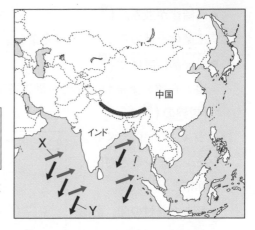

(2) X，Yの方向に風が吹くとき，周辺の地域は雨季，乾季のどちらですか。それぞれ書きなさい。

X (　　　　　　　　) Y (　　　　　　　　)

よく出る (3) X，Yのように，季節によって吹く向きが逆になる風を何といいますか。

(　　　　　　　　　)

2 右の地図を見て，次の問いに答えなさい。

5点×5〔25点〕

(1) 地図中の①〜③にあてはまる語句を，次からそれぞれ選びなさい。

① (　　　　　　　　)

② (　　　　　　　　)

③ (　　　　　　　　)

遊牧	稲作	畑作

アジアの農業地域

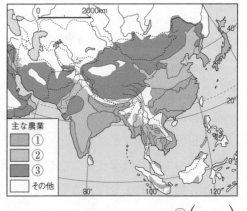

(2) ①，②の地域の自然環境と食の特徴を，次からそれぞれ選びなさい。

① (　　　)

② (　　　)

ア 降水量が多く，主食は米である。

イ オアシスの周辺で，乾燥に強い作物を栽培している。

ウ 降水量はあまり多くなく，小麦を麺や薄く焼いたパンにして食べる。

エ 羊やらくだを飼育し，その乳や肉を食料とする。

ちょっとひといき　マーカーで線を引きながら読むと頭に入りやすいかも！

3 右の資料を見て，次の問いに答えなさい。　　　　　　　　　　4点×6（24点）

(1) 資料中のA〜Dの宗教名をそれぞれ書きなさい。
　　　　　　　　A（　　　　　　　）教
　　　　　　　　B（　　　　　　　）教
　　　　　　　　C（　　　　　　　）教
　　　　　　　　D（　　　　　　　）教

(2) 資料中の国のうち，東南アジアにあてはまる国をすべて書きなさい。
　（　　　　　　　　　　　　　　　　　　）

(3) 次の文の（　）に共通してあてはまる語句を書きなさい。　（　　　　　　　　）

> アジアでは（　　）化が進み，シャンハイやデリーなど巨大（　　）が誕生している。

資料　アジア各国の宗教別人口の割合

(CIA World Factbookほか)

4 右の資料を見て，次の問いに答えなさい。　　　　(3)6点，4点×2（14点）

(1) 資料中の（　）にあてはまる，外国企業の税金などを優遇する地区を何といいますか。
　　　　　　　（　　　　　　　　　）

(2) 中国でとられていた，人口増加を抑えるための政策を何といいますか。
　　　　　　　（　　　　　　　　　）

記述(3) 資料からわかる中国が抱える問題を，「沿海部」「内陸部」の語句を使って，簡単に書きなさい。
　（　　　　　　　　　　　　　　　　　　　　）

資料　中国の省別・地域別1人あたりの総生産額

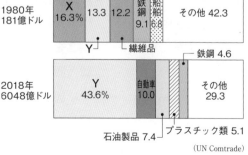

1人あたりの総生産額
■150万円以上　▨70〜100万
▨100〜150万　▧70万未満　●（　　　）

(2017年)(中国統計年鑑2018ほか)

5 右のグラフを見て，次の問いに答えなさい。　　　　　　　4点×3（12点）

(1) グラフ中のX・Yにあてはまる品目を，次からそれぞれ選びなさい。
　　　　　　X（　　）Y（　　）

ア　米　　　　イ　衣類
ウ　機械類　　エ　原油

(2) 韓国語を表すために用いられる独自の文字を何といいますか。
　　　　　　　（　　　　　　　　　）

グラフ　韓国の輸出品目の変化

1980年
181億ドル
| X 16.3% | 13.3 | 12.2 | 鉄鋼 9.1 | 船舶 6.8 | その他 42.3 |

Y──　──繊維品

2018年
6048億ドル
| Y 43.6% | 自動車 10.0 | | | その他 29.3 |

鉄鋼 4.6
プラスチック類 5.1
石油製品 7.4

(UN Comtrade)

第2章第1節 アジア州②

満点★ミッション

テストに出る！ **ココが要点** 　解答 p.4

1 経済発展を目指す東南アジア　　教 p.58〜p.59

▶ (**❶** 　　　　　　　) とよばれる中国系の人々は，東南アジアの各地で生活。シンガポールの経済発展に貢献。

▶ 季節風の影響を受ける東南アジアでは，豊富な降水量を生かした (**❷** 　　　　　　　) の栽培が盛ん。

　● かんがいが整った地域…米の (**❸** 　　　　　　　) を行う。

▶ 天然ゴム，油やしなどを (**❹** 　　　　　　　) で栽培。

　● 油やしはマレーシアやインドネシアで栽培が盛ん。

　● フィリピンではバナナ，ベトナムではコーヒーが作られている。インドネシアの海岸部には，えびの養殖池がある。

▶ 各国では (**❺** 　　　　　　　) が整備され，工業化が進む。

▶ 東南アジア諸国連合 ((**❻** 　　　　　　　))…東南アジアのほとんどの国が加盟。貿易・人の交流の活発化を目指す。

▶ スラムでは，農村から移住してきた人々など，都市で安定した仕事に就けない人々が集まって暮らしている。

2 産業発展と人口増加が急速に進む南アジア　　教 p.60〜p.61

▶ 南アジアでは，気候の違いを生かした農業が行われている。

　● 米は降水量の多い北東部の (**❼** 　　　　　　　) 下流域，小麦は乾燥した北西部，茶は降水量の多いアッサム地方やスリランカの高地，綿花は乾燥した北西部やデカン高原で栽培。

▶ インド…情報通信技術 ((**❽** 　　　　　　　))関連産業が発達。

　● 数学の教育水準の高さ，英語を話せる技術者の多さが背景。

▶ バングラデシュ・パキスタン…安価な労働力が豊富→外国から工場の移転が進む。バングラデシュでは衣類の輸出が急増。

3 資源が豊富な中央アジア・西アジア　　教 p.62〜p.63

▶ 採掘された原油の多くは，タンカーや (**❾** 　　　　　　　) などを利用して日本や北アメリカ，ヨーロッパなどへ運ばれる。

▶ 西アジアの主な産油国は石油輸出国機構((**❿** 　　　　　　　))に加盟。原油の生産量や価格を決めている。

▶ 中央アジア・西アジアは，レアメタルなどの鉱産資源が豊富。

▶ シリアのように，(**⓫** 　　　　　　　) が発生している地域も。

---

❶華人
東南アジアの発展を支える中国系の人々。

❷米
降水量の多いアジアで広く主食となっている作物。

❸二期作
1年に2回，同じ耕地で同じ作物(稲)を栽培すること。

❹プランテーション
大規模な農園。輸出用作物を栽培する。

❺工業団地
工場を計画的に集めた地域。

❻ASEAN
東南アジア諸国連合の略称。1967年に結成。

❼ガンジス川
インド北東部を流れる大河。

❽ICT
インターネットなど情報・通信に関する技術。

❾パイプライン
原油や天然ガスなどを運ぶ管状の施設。

❿OPEC
石油輸出国機構。産油国の利益を守る目的。

⓫難民
紛争などでやむをえず国外に逃れている人々。

テストに出る！

予想問題　第2章第1節　アジア州②

⏱ 30分

/100点

1 次の問いに答えなさい。　　　　　　　　　　　　　　　　　　10点×4〔40点〕

(1) タイやベトナムなどで行われている，1年に2回米を作ることを何といいますか。

　　　　　　　　　　　　　　　　　　　　　　　　米の（　　　　　　　　　）

(2) シンガポールなど，東南アジアの各地で活躍する中国系の人々を何といいますか。

　　　　　　　　　　　　　　　　　　　　　　　　　　　（　　　　　　　　　）

よく出る (3) マレーシアなど熱帯地域に見られる，多人数の労働者を雇い，輸出を目的とした作物を大量に栽培する大規模な農園を何といいますか。（　　　　　　　　　）

よく出る (4) 東南アジアのほとんどの国が加盟している，東南アジア地域の安定を目指して，1967年に結成された組織の正式名称を書きなさい。

　　　　　　　　　　　　　　　　　　　　　　（　　　　　　　　　　　　　）

2 右の地図を見て，次の問いに答えなさい。　　　　　　　　　　8点×5〔40点〕

(1) 地図中の①〜③で栽培が盛んな作物を，次から選びなさい。

①（　　　　　　　　） ②（　　　　　　　　）

③（　　　　　　　　）

コーヒー　　綿花　　小麦　　米　　バナナ

(2) インドで，現在成長が著しい産業名を漢字で書きなさい。

　　　　　　　（　　　　　　　　　）関連産業

記述 (3) (2)の産業が発展した理由を簡単に書きなさい。

（　　　　　　　　　　　　　　　　　　　　　　　　　　　　　　　　　　　）

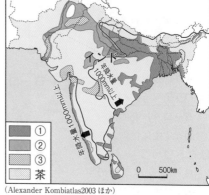

(Alexander Kombiatlas2003 ほか)

3 次の問いに答えなさい。　　　　　　　　　　　　　　　　　　10点×2〔20点〕

(1) 右のグラフは原油の生産国を示しています。Xにあてはまる，西アジアに含まれる国名を書きなさい。

　　　　　　　　　　　　（　　　　　　　　　）

よく出る (2) 西アジアの主な産油国が加盟している，原油の価格や生産量の決定などに大きな影響力をもつ国際機構を何といいますか。（　　　　　　　　　）

ブラジル
その他 29.2
アメリカ合衆国 15.0%
X 12.9
ロシア 12.6
合計 44.7億t
クウェート 3.1
3.3
アラブ首長国連邦 4.0
中国 4.2
イラン 4.9
イラク 5.1
カナダ 5.7
(2018年)(BP資料)

第2章第2節 ヨーロッパ州

満点★ミッション

❶**国際河川**
複数の国や領域を流れ，外国の船が自由に航行できる川。

❷**氷河**
流動する氷の固まり。

❸**フィヨルド**
スカンディナビア半島などで見られる奥行きが深い湾。

❹**北大西洋海流**
大西洋を北上する暖流。

❺**偏西風**
一年中吹く西よりの風。

❻**白夜**
北極圏にかかる地域で夏に見られる，太陽が沈んでも暗くならない現象。

❼**プロテスタント**
ヨーロッパ北西部の国々で主に信仰。

❽**カトリック**
ヨーロッパ南部の国々で主に信仰。

❾**正教会**
ヨーロッパ東部の国々で主に信仰。

❿**EU**
ヨーロッパ連合。ヨーロッパの国々の発展を目指し，設立された。2020年にイギリスが脱退した。

⓫**ユーロ**
EUの多くの国々で使われる通貨。

テストに出る！ ココが要点　解答 p.5

1 ヨーロッパ州の自然環境　教 p.68～p.69

▷ ヨーロッパ州はユーラシア大陸の西端に位置する。

▷ (④　　　　　)海流とその上空を吹く(⑤　　　　　)の影響のため，高緯度のわりに温暖。

▼ヨーロッパの地形

ライン川…複数の国を流れる
(①　　　　)

(②　　　　)によって削られた(③　　　　)

大西洋　北海　アルプス山脈　ドナウ川　地中海

● 大西洋や北海に面した地域…**西岸海洋性気候**。農業が盛ん。

● 地中海沿岸…夏は乾燥し，冬は比較的雨が多い**地中海性気候**。

● 北部や東ヨーロッパ，ロシア…冬の寒さが厳しい**亜寒帯(冷帯)**。

▷ 北ヨーロッパの夏は，夜でも暗くならない(⑥　　　　　)とよばれる現象が見られる。

2 ヨーロッパ文化の共通性と多様性　教 p.70～p.71

▷ 多くの地域で**キリスト教**が信仰されており，その宗派は，主に三つの系統に分けられる。

● (⑦　　　　　)…イギリス，ドイツ，スウェーデンなど。

● (⑧　　　　　)…イタリア，スペイン，フランスなど。

● (⑨　　　　　)…ロシア，ギリシャなど。

▷ 言語も三つの系統…北西部では**ゲルマン系**言語，南部では**ラテン系**言語，東部では**スラブ系**言語。

● 同じ系統の**民族**の言葉には共通の特徴がある。

3 EUの成り立ちとその影響　教 p.72～p.73

▷ 第二次世界大戦後，アメリカ合衆国などに団結して対抗。

▷ 1967年につくられたヨーロッパ共同体(**EC**)が，1993年には**ヨーロッパ連合**((⑩　　　　　))となる。

● 加盟国どうしは，パスポートなしで国境を自由に行き来できる。

● 共通通貨である(⑪　　　　　)の導入。

④ ヨーロッパの農業とEUの影響　教 p.74〜p.75

▶ 地域の自然環境に合った農業。地域により異なる食文化。

凡例：混合農業／地中海式農業／酪農

- アルプス山脈より北…豚や牛などの家畜の飼育と，小麦などの作物の栽培を組み合わせる（⑫　　　）農業。
- ドイツより北側の北海沿岸…乳牛を飼育し，バターやチーズを生産する（⑬　　　）。
- アルプス山脈より南…夏にオリーブ・オレンジ・ぶどうなどを，冬には小麦などを栽培する（⑭　　　）農業。

▶ EUの目指す農業…（⑮　　　）を上げる。
- 共通農業政策をとり，環境重視の農業への補助金を増やす。

⑤ ヨーロッパの工業とEUの影響　教 p.76〜p.77

▶ ドイツのルール工業地域で，鉄鉱石・石炭などの資源を生かした重工業が発達。→1960年代に，主要なエネルギー源が石炭から石油に変化。→工業の中心は石油化学工業に移り，原油の輸入に便利な臨海部のロッテルダム・マルセイユ近郊に工場が集中。
- 現在は医薬品などを生産する（⑯　　　）産業が成長。
- ストックホルムやヘルシンキでは，スマートフォンなどをつくる（⑰　　　）関連産業が発達。

▶ 世界の（⑱　　　）産業を独占していたアメリカ合衆国に対抗するため，ヨーロッパにエアバス社を設立。フランス，ドイツ，スペインなどが参加して，航空機の生産に協力。
- フランスのトゥールーズなどに最終組み立て工場がある。

▶ 東ヨーロッパの国々は，工業化が遅れ，所得があまり多くない。

⑥ EUが抱える課題　教 p.78〜p.79

▶ 東ヨーロッパの国々から西ヨーロッパの国々へ働きに行く労働者が増加。→東ヨーロッパは労働力不足が進む。
- EU域内の（⑲　　　）が課題。EU加盟国間の平均年収には最大6倍の差。→補助金などで対策。

▶ 西アジアやアフリカから移民や（⑳　　　）の流入。

▶ ロシア…ウラル山脈を挟む広大な国。大部分が亜寒帯(冷帯)。
- 原油・天然ガスなどの鉱産資源が豊富。

満点★ミッション

⑫混合農業
小麦・じゃがいも・ライ麦などの作物や家畜の餌にする作物の栽培と，家畜の飼育を組み合わせる農業。

⑬酪農
牛乳や牛乳から作るバターやチーズなどの乳製品を生産する。

⑭地中海式農業
夏に乾燥に強い果樹を，降水のある冬に小麦を栽培。地中海性気候に合う農業。

⑮食料自給率
国内で消費する食料のうち，国内産でまかなえる割合。

⑯先端技術産業
コンピュータや半導体などを生産する。

⑰ICT〔情報通信技術〕
パソコン，スマートフォン，インターネットなどの技術。

⑱航空機産業
アメリカ合衆国のボーイング社と，ヨーロッパのエアバス社が主に生産している産業。

⑲経済格差
国や地域の間で生まれる，経済的な差。

⑳難民
地域紛争などを原因として，やむを得ず国外へ逃れた人々。

テストに出る！ 予想問題

第2章第2節　ヨーロッパ州

⏱30分　/100点

1 右の地図を見て，次の問いに答えなさい。 5点×6〔30点〕

(1) Aの山脈，Bの川をそれぞれ何といいますか。

A（　　　　　　　　）

B（　　　　　　　　）

(2) Cの半島で見られる，氷河によって削られてできた地形を何といいますか。

（　　　　　　　　）

(3) 地図中の ➡ は，大西洋上に一年中吹く西よりの風です。この風を何といいますか。

（　　　　　　　　）

(4) 大西洋を北上し，ヨーロッパ州の気候に影響を与える暖流を何といいますか。

（　　　　　　　　）

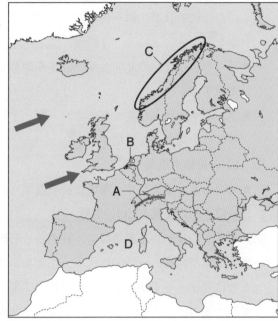

ヨーロッパの地形

(5) Dの海付近の気候の特徴を，次から選びなさい。 （　　　）

ア　緯度が高いわりに温暖である。　　　イ　冬の寒さが厳しい。

ウ　一年を通してほとんど雨が降らない。　エ　夏は乾燥し，冬は比較的雨が多い。

2 次の文を読んで，あとの問いに答えなさい。 5点×5〔25点〕

> ヨーロッパでは，多くの地域で（　A　）教が信仰されており，地域によって，プロテスタント，カトリック，正教会と，宗派に違いがみられる。また，言語は大きく三つに分かれている。
>
> ヨーロッパの国々は，1967年にヨーロッパ共同体（EC）という組織を作った。その後，1993年にECはヨーロッパ連合（（　B　））となった。

(1) 文中のA，Bにあてはまる語句を，それぞれ書きなさい。

A（　　　　　　　）　B（　　　　　　　）

(2) 下線部について，次の国の言語の系統を，次からそれぞれ選びなさい。

①イギリス（　　）　②ロシア（　　）　③イタリア（　　）

ア　ゲルマン系　　イ　ラテン系　　ウ　スラブ系

ちょっとひといき　見直しは何度しても◎！ 最後の1秒までしっかり見よう！

3 右の地図を見て，次の問いに答えなさい。　　　　　　　　　　　5点×4〔20点〕

(1) 地図中のＡについて説明した，次の文中の①，②にあてはまる語句をそれぞれ書きなさい。

①（　　　　　　　　　）

②（　　　　　　　　　）

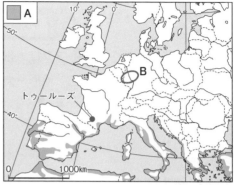

(Seydlitz Projekt Erdeほか)

> 　Ａは，（　①　）農業が行われてきた地域であり，乾燥した夏に，オレンジや油の原料などに利用されるオリーブなどを栽培し，冬の雨を生かして（　②　）などを栽培する。

(2) Ｂは，鉄鉱石や石炭などが産出されることを生かして，重工業が盛んになった工業地域です。この工業地域を何といいますか。

（　　　　　　　　　　）

(3) 地図中のトゥールーズでは，各国の企業が協力して生産する工業が盛んです。この都市で盛んに生産されている工業製品を，次から選びなさい。　　　　　　　　（　　）

ア　自動車　　イ　航空機　　ウ　石油化学　　エ　医薬品

4 次の文を読んで，あとの問いに答えなさい。　　　　　　　　　　5点×5〔25点〕

> 　ヨーロッパの多くの国々は，結び付きを強めるため，ヨーロッパ連合に加盟して互いに協力している。多くの加盟国では a 共通通貨の導入などで便利になったが，b 経済格差が大きな問題となっている。
> 　ロシアは（　Ａ　）を挟んでヨーロッパからアジアにまたがる国で，面積は世界一である。国土の大部分が（　Ｂ　）の気候帯に属している。

よく出る (1) 下線部ａの共通通貨を何といいますか。　　　　　　　　　（　　　　　　　）

(2) 下線部ａを導入した国々の間で表れた変化として誤っているものを，次から選びなさい。

（　　）

ア　両替の必要がなくなった。　　イ　国境を越えて買い物がしやすくなった。

ウ　貿易がしやすくなった。　　エ　輸入品にかかる税金による利益が大きく増えた。

記述 (3) ヨーロッパ連合で課題となっている下線部ｂについて，「工業化」「所得」という語句を用いて，簡単に書きなさい。

（　　　　　　　　　　　　　　　　　　　　　　　　　　　　）

(4) Ａにあてはまる山脈を何といいますか。　　　　　　　　　（　　　　　　　）

(5) Ｂにあてはまる気候帯を何といいますか。　　　　　　　　（　　　　　　　）

第2章第3節 アフリカ州

満点★ミッション

❶ナイル川
アフリカ東部を流れる川。下流域のエジプトでは，古くから農業が行われてきた。

❷サハラ砂漠
アフリカ北部に広がる砂漠。

❸熱帯林
一年中雨が多い熱帯地域に広がる森林。

❹サバナ
低い木がまばらに生えている草原。

❺サヘル
サハラ砂漠の南の地域。放牧が行われている。

❻植民地
ほかの国(本国)に支配された地域。

❼鉱産資源
工業原料やエネルギー資源などに欠かせない石油や金属などの資源。

❽レアメタル
埋蔵量が少ない金属。電子機器の生産に利用される。

❾モノカルチャー経済
特定の農産物や鉱産資源の輸出にたよる状態の経済。

❿NGO
非政府組織。主に国際的な場面で活躍する。

テストに出る！ ココが要点　　解答 p.6

1 アフリカ州の自然環境　教 p.84〜p.85

▷ 地形…大陸の大部分は高原や台地。キリマンジャロ山などの火山。
- (❶　　　　　　　)川は世界最長の河川。
- (❷　　　　　　　)砂漠は世界最大の砂漠。

▷ 気候…赤道付近に熱帯。南北に，乾燥帯・温帯が広がる。
- コンゴ盆地やギニア湾岸には，(❸　　　　　　　)が広がる。
- サバナ気候の地域には，(❹　　　　　　　)とよばれる草原。

▷ サハラ砂漠の南の縁に連なる(❺　　　　　　　)では，まきの採りすぎや過放牧などにより，植物が育たなくなる砂漠化が進む。

2 アフリカの歴史と文化　教 p.86〜p.87

▷ 16世紀から，ヨーロッパ人により，多くの人々が奴隷として南北アメリカ大陸へ連れていかれる。人口が減少。

▷ 19世紀後半から20世紀前半にかけて，ヨーロッパ諸国の(❻　　　　　　　)として分割→言語やキリスト教が広がる。
- 1960年代に多くの国が独立。植民地時代の民族を無視した境界線がそのまま国境線となる→国によっては国内に複数の民族・言語・宗教などが混在。

▷ アフリカ連合(AU)…政治的・経済的な団結を強化。

3 特定の輸出品に頼るアフリカの経済　教 p.88〜p.89

▷ 輸出用作物の生産…コートジボワールやガーナではカカオ豆，ケニアでは茶，エチオピアではコーヒーなど。フェアトレードの取り組みもある。

▷ 豊かな(❼　　　　　　　)…南アフリカ共和国の金，ボツワナのダイヤモンド，ザンビアの銅など。
- スマートフォンなどに使われる(❽　　　　　　　)の採掘。

▷ (❾　　　　　　　)経済の国が多い。→天候不順や他国との関係による影響で，国の収入が安定しにくい。

4 アフリカが抱える課題とその取り組み　教 p.90〜p.91

▷ 干ばつ・砂漠化による食料不足やマラリアなどの課題。
- 都市部ではごみ問題・スラムの問題も。一方，携帯電話も普及。

▷ 非政府組織((❿　　　　　　　))が保健・医療活動を行う。

予想問題

第2章第3節 アフリカ州

🕐 30分

/100点

1 次の文を読んで，あとの問いに答えなさい。 8点×5〔40点〕

> a アフリカ大陸は b 赤道を挟んで南北約8000kmに広がっている。赤道付近は（ ① ）の気候で，雨季と乾季があり，（ ② ）とよばれる草原が広がる地域と，一年中雨が多く（ ③ ）が広がる地域に分かれている。

(1) 文中の①〜③にあてはまる語句を書きなさい。

①（　　　　　　　　）　②（　　　　　　　　）
③（　　　　　　　　）

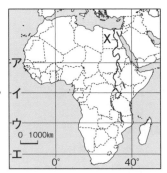

🔍よく出る (2) 文中の下線部 a について，地図中 X の川を何といいますか。
（　　　　　　　　）川

🔍よく出る (3) 文中の下線部 b の位置を，地図中ア〜エから選びなさい。
（　　　　）

2 次の問いに答えなさい。 10点×6〔60点〕

(1) 次の文は，**資料1**中の**X〜Z**のいずれかにあてはまります。Yにあてはまるものを，次から選びなさい。

（　　　　）

ア 多くの国が独立した。
イ 多くの人が奴隷として南北アメリカ大陸に送られた。
ウ ヨーロッパ諸国の植民地として分割された。

資料1

世紀	できごと
16世紀〜	X
19世紀後半〜20世紀前半	Y
1960年代	Z

(2) アフリカで作られた農産物を，より適正な価格で取り引きし，現地の生産者の生活と自立を支えようとする取り組みを何といいますか。 （　　　　　　　　）

(3) **資料2**中の**A〜C**にあてはまる輸出品を，次からそれぞれ選びなさい。

A（　　　）　B（　　　）　C（　　　）

ア 銅　　イ カカオ豆
ウ 原油　エ 金

資料2　アフリカの国の主な輸出品

コートジボワール（2017年）126億ドル：A 27.9%　カシューナッツ 9.7　金6.6　天然ゴム6.5　石油製品5.5　その他 43.6

ザンビア（2018年）91億ドル：B 75.2%　その他 24.8

ナイジェリア（2018年）624億ドル：C 82.3%　液化天然ガス 9.9　その他 7.8

(UN Comtrade)

📝記述 (4) モノカルチャー経済とはどのような経済ですか。次の書き出しに続けて簡単に書きなさい。

特定の（　　　　　　　　　　　　　　　　　　　　　　　　　）

第2章第4節 北アメリカ州

満点★ミッション

❶ロッキー山脈
　北アメリカ大陸最大の山脈。

❷プレーリー
　グレートプレーンズの東に広がる草原。

❸ミシシッピ川
　北アメリカ大陸で最も長い河川。

❹グレートプレーンズ
　ロッキー山脈の東に広がる平原。

❺五大湖
　スペリオル湖・ミシガン湖・ヒューロン湖・エリー湖・オンタリオ湖。

❻ハリケーン
　夏から秋にかけて発生する熱帯低気圧。台風と性質が似ている。

❼ネイティブアメリカン
　北アメリカの先住民。ヨーロッパ人によって，住んでいた土地を追われた。

❽移民
　新天地を目指してやってきた人々。

❾奴隷
　アフリカからさとうきび農園や綿花畑の労働力として連れてこられた人々。

❿ヒスパニック
　南部の州に多い，スペイン語を話す人々。

テストに出る！　ココが要点　解答 p.6

1 北アメリカ州の自然環境　教 p.96～p.97

▶ 北アメリカ州…カナダ，アメリカ合衆国，メキシコなど。

▶ 地形…二つの山脈の間に

（❹　　　　　　　　），プレーリー，ミシシッピ川が流れる中央平原が広がる。

▶ 気候…アラスカ州やカナダから南の（❺　　　　　　　）湖周辺は亜寒帯(冷帯)。

▼北アメリカの地形

（❶　　　　　　　）　（❷　　　　　　　）
グレートプレーンズ
中央平原
アパラチア山脈
メキシコ湾
（❸　　　　　　　）川

● フロリダ半島南部から，西インド諸島は**熱帯**。

● アメリカ合衆国は，**西経100度**付近を境として，東側は温暖で湿潤な気候。西側は雨が少なく，砂漠気候の地域も見られる。

● メキシコ湾に面した地域は（❻　　　　　　　）の被害を受ける。

2 移民の歴史と多様な民族構成　教 p.98～p.99

▶ 北アメリカには先住民の（❼　　　　　　　　　　）がいる。

● 16世紀に，**スペイン人**がメキシコなどに植民地をつくった。

● 17世紀以降，**イギリス**や**フランス**が北アメリカ大陸の**大西洋岸**を植民地化。ヨーロッパから（❽　　　　　　　）が大勢押し寄せ，キリスト教などをもち込む→先住民は人口が減少。

▶ アメリカ合衆国では**英語**，メキシコ・中央アメリカでは**スペイン語**を多く話す。カナダには**フランス語**を話す人が多い地域も。

▶ アメリカ合衆国は，多様な民族で構成される。

● アフリカ系…連れてこられた，（❾　　　　　　　）の子孫。

● アジア系…中国，日本など。

● （❿　　　　　　　）…メキシコ，中央アメリカ，カリブ海諸国などからの移民。

ニューヨーク
1000km
アラスカ州 0　500km
ハワイ州 0　250km

■ アフリカ系の人々が20%以上の州
▨ アジア系の人々が5%以上の州
▧ ヒスパニックの人々が20%以上の州
□ 上記のいずれにもあてはまらない州

(U.S.Census Bureau)

3 大規模な農業と多様な農産物　　教 p.100〜p.101

▷ **大型機械**を使い，**少ない人手**で高い生産性…**企業的な農業**経営。

▷ アメリカ合衆国の農業は，地域の気候や土地の性質などに合わせた（⑪　　　　　　　　　　）で行われている。

- **西経100度**付近を境に，西側と東側で農業が異なる。

　◇ 西側…肉牛の（⑫　　　　　　　　　）。グレートプレーンズではかんがい農業により，とうもろこし・大豆を栽培。

　◇ 東側…降水量が比較的多く，とうもろこし・大豆を栽培。大西洋岸・五大湖周辺では酪農が盛ん。温暖な南部は，綿花栽培が盛んだったが，近年は規模が縮小→大豆・とうもろこしの栽培が増加している。

▷ 多くの国がアメリカ合衆国の農産物を輸入…「世界の食料庫」。

- （⑬　　　　　　　　　　）…農業に関わることを専門的に扱う産業。中でも，**穀物メジャー**は穀物を扱う巨大企業。

4 世界をリードする工業　　教 p.102〜p.103

▷ 五大湖周辺…石炭や鉄鉱石などの豊富な鉱産資源を生かし，重工業が発達。**ピッツバーグ**では鉄鋼業，**デトロイト**では自動車工業。自動車は，流れ作業による**大量生産方式**で生産。

▷ 近年は，アメリカ合衆国は，航空宇宙産業やコンピュータ関連産業などの（⑭　　　　　　　　　）産業に注力。

- **先端技術産業**は北緯37度以南の（⑮　　　　　　　　　　）で発達。

- カリフォルニア州の（⑯　　　　　　　　　　）には，先端技術産業に関わる研究機関・大学，ICT関連企業が集まっている。

▷ 近年は，（⑰　　　　　　　　　）ガスが新しい資源として注目。

5 アメリカ合衆国にみる生産と消費の問題　　教 p.104〜p.105

▷ アメリカ合衆国は，世界で最初に**車社会化**が始まった。郊外には広い駐車場を持つ巨大な（⑱　　　　　　　　　）がつくられる。

▷ **大量生産・大量消費**の生活様式が人々に広まる。コンビニエンスストア・**ファストフード**店などもアメリカ合衆国が発祥。このような生活様式や店は，世界各国に生産・販売の拠点を持つ（⑲　　　　　　　　　）により世界中に広まっている。

▷ アメリカ合衆国は世界で最もガソリンの消費量が多い。

- 温室効果ガスの排出量が増え，（⑳　　　　　　　　　）の原因に。

　→**再生可能エネルギー**の利用を進める動き。

満点☆ミッション

⑪ 適地適作
地域の自然環境に合わせた農業。

⑫ 放牧
牛などを放し飼いで育てること。

⑬ アグリビジネス
農産物の流通から販売に関わり，新しい種子の開発なども行う産業。

⑭ 先端技術産業
時代の最先端の技術を生かす産業。エレクトロニクス産業・バイオテクノロジーなども含まれる。

⑮ サンベルト
気候が温暖で，土地が安く，労働力が豊富にあることを背景に発達した工業地域。

⑯ シリコンバレー
サンフランシスコ郊外に広がる。

⑰ シェールガス
天然ガスの一種。

⑱ ショッピングセンター
高速道路を利用して，多くの人々が大量に商品を購入していく。

⑲ 多国籍企業
世界的な活動をしている企業。アメリカ合衆国には，多国籍企業の本社が多く置かれている。

⑳ 地球温暖化
海水面の上昇により，沈没が心配される国がある環境問題。

テストに出る！

予想問題　第2章第4節 北アメリカ州

⏱ 30分

/100点

1 右の地図を見て，次の問いに答えなさい。　　　　4点×8〔32点〕

よく出る (1)　A，Bの山脈を何といいますか。

A （　　　　　　　　）山脈

B （　　　　　　　　）山脈

よく出る (2)　C，Dにあてはまる平野名を，次からそれぞ
れ選びなさい。

C （　　）　D （　　）

ア　プレーリー

イ　中央平原

ウ　グレートプレーンズ

(3)　①にあてはまる都市名を，次から選びなさい。

（　　）

ア　ワシントンD.C.　　イ　ニューヨーク

ウ　ロサンゼルス　　エ　オタワ

(4)　Xの湾について，次の問いに答えなさい。

①　この湾を何といいますか。　　　　　　　　　　（　　　　　　　　）

②　この湾の周辺で夏から秋に発生する熱帯低気圧を何といいますか。

（　　　　　　　　）

③　この湾に注ぐYの河川を何といいますか。　　　（　　　　　　　　）

2 右のグラフを見て，次の問いに答えなさい。　　　　4点×5〔20点〕

(1)　次の①〜③の説明にあてはまる人々を，右の資料か
ら，それぞれ書きなさい。

①　もともと北アメリカに住んでいたが，次第に住む
場所をうばわれた人々。　　（　　　　　　）

②　綿花畑などで働かせるため，奴隷として連れてこ
られた人々の子孫。　　　（　　　　　　）

③　スペイン語を話す，メキシコや西インド諸島などからの移民。

（　　　　　　　　）

(2)　カナダの公用語を2つ書きなさい。

（　　　　　　）（　　　　　　）

アメリカ合衆国の人種・民族構成

その他

ネイティブアメリカン 0.8

アジア系 5.4

アフリカ系

総人口　3億2312万人

| ヨーロッパ系 72.6% | 12.7 | 8.5 |

(2016年)　※総人口のうち，17.8%がヒスパニック。

ちょっとひといき　やる気が起きなくてもまずは5分！ 短時間でも勉強してみよう！

解答 **p.6**

3 右の地図を見て，次の問いに答えなさい。　　　　　　　　4点×5〔20点〕

(1) 次の文は，アメリカ合衆国の農業につい
て説明しています。文中の（　）にあては
まる語句を書きなさい。

（　　　　　　　　　）

地図　主な農業地域

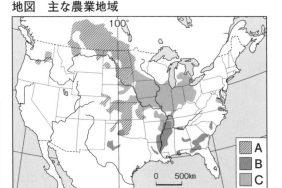

(Goode's World Atlas 2010ほか)

> アメリカ合衆国では，その地域の気
> 候や土地の様子などに合わせた（　）
> の農業が行われている。

よく出る (2) 地図中のA〜Cで盛んな農業を，次から
それぞれ選びなさい。

A（　　） B（　　） C（　　）

ア　綿花　　イ　とうもろこし　　ウ　酪農（らくのう）　　エ　小麦

記述 (3) アメリカ合衆国が「世界の食料庫」とよばれている理由を，「世界の国々」という語句
を用いて簡単に書きなさい。

（　　　　　　　　　　　　　　　　　　　　　　　　　　　　　　　　　　　　　　）

4 右の地図を見て，次の問いに答えなさい。　　　　　　　　4点×7〔28点〕

(1) 次の表中のA，Bにあてはまる
場所をa〜dから，C，Dにあて
はまる特色をあとからそれぞれ選
びなさい。

A（　　） B（　　）
C（　　） D（　　）

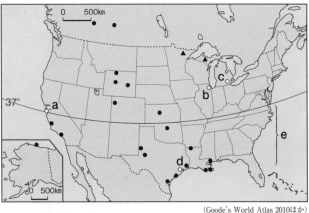

(Goode's World Atlas 2010ほか)

都市や地域	位置	特色
デトロイト	（A）	（C）
シリコンバレー	（B）	（D）

ア　化学工業が盛ん。　　　　　　　イ　情報通信技術関連企業が集中している。
ウ　19世紀に鉄鋼（てっこう）が生産される。　　エ　20世紀に自動車の生産が始まる。

(2) eにあてはまる，北緯（ほくい）37度より南の，工業の盛んな地域を何といいますか。

（　　　　　　　　　　　）

(3) ●，▲で示された鉱産資源名を，次からそれぞれ選びなさい。

●（　　） ▲（　　）

ア　石炭　　イ　天然ガス　　ウ　鉄鉱石　　エ　原油

第2章第5節 南アメリカ州

満点★ミッション

❶アンデス山脈
南アメリカ大陸の西部（太平洋側）に，南北に連なる山脈。

❷アマゾン川
長さがナイル川に次いで世界第二位，流域面積は世界最大。

❸パンパ
小麦の栽培や牛の放牧が盛んな大草原。

❹先住民
植民地になる以前から，その土地で生活してきた人々。

❺植民地
移民してきた人々が，本国のために先住民らを使って鉱山や農地を開発してきた。

❻焼畑農業
森林や草原を焼き払い，その灰を肥料として作物を栽培する。

❼モノカルチャー経済
天候不順や外国との関係などの要因で，国の経済が左右されやすい状態。

❽スラム
居住環境が悪く，治安・衛生面に問題がある。

❾地球温暖化
温室効果ガスの増加により気温が上昇。

❿バイオ燃料
主に植物を原料としてつくられる燃料。

テストに出る！ **ココが要点** 解答 p.7

1 南アメリカ州の自然環境 教 p.110〜p.111

▶ 南アメリカ州は日本からみて地球の反対側。太平洋側には，6000mを超える山々が連なる（**❶**　　　　）山脈。

● 標高2000m以上の高地にラパスやクスコなどの都市がある。

▶ （**❷**　　　　）川…流域には世界最大の熱帯林が広がる。

▶ ラプラタ川の河口付近は（**❸**　　　　）とよばれる平原。

▶ アルゼンチンとチリにまたがる山岳地帯には氷河が見られる。

2 多様な民族・文化と人々の生活 教 p.112〜p.113

▶ インカ帝国など（**❹**　　　　）による高度な文明が存在。

● 16世紀になると，スペインやポルトガルなどのヨーロッパ人が（**❺**　　　　）をつくり，先住民やアフリカから連れてこられた人々が奴隷となる。

● メスチーソ…先住民と白人との混血。

▶ 先住民は（**❻**　　　　）農業などを行う自給的な生活。

● 近年は開発や観光地化が進み，生活に変化が出ている。

3 大規模化する農業と成長する工業 教 p.114〜p.115

▶ エクアドルやコロンビア…多国籍企業が経営するプランテーションで，輸出用のバナナを生産している。

▶ ブラジル…コーヒー豆の輸出に依存した（**❼**　　　　）経済となっていたが，近年は，大豆・さとうきびなどの生産が増加。

● ブラジルやアルゼンチンでつくられる大豆は，アグリビジネスを行うアメリカ合衆国の企業などが買い付けている。

▶ 豊富な鉱産資源…ブラジルの鉄鉱石，チリの銅，ベネズエラ・エクアドルの原油など。輸送のために鉄道などが整備される。

▶ ブラジルの都市には人口の急増で（**❽**　　　　）が形成。

4 ブラジルにみる開発と環境保全 教 p.116〜p.117

▶ アマゾン川流域の熱帯林の伐採が環境問題になっている。

● （**❾**　　　　）が進むと考えられている。また，貴重な動植物が絶滅する心配も。→開発の規制や違法な伐採の監視。

▶ さとうきびが原料の（**❿**　　　　）で走る自動車の普及。

● さとうきび畑の開発により，土壌流出などの環境問題が発生。

ココが要点 の答えになります。

テストに出る！

予想問題 第2章第5節 南アメリカ州

🕐 30分

/100点

1 右の地図を見て，次の問いに答えなさい。　　　　　10点×5〔50点〕

よく出る (1)　Aの山脈名を書きなさい。

（　　　　　　　　）山脈

(2)　赤道を示すものを，地図中のア〜ウから選びなさい。

（　　　）

(3)　Bでは，草原が広がり，小麦の栽培や肉牛の放牧などが行われています。Bの地域を何といいますか。　　　　　（　　　　　　　　）

(4)　Xにあてはまる言語を，次から選びなさい。

（　　　）

ア　スペイン語　　イ　ポルトガル語

アマゾン川

A

B

各国の主な言語
▨ X

(Demographic year book 2018)

記述 (5)　アマゾン川流域の先住民が行ってきた焼畑農業について，簡単に書きなさい。

（　　　　　　　　　　　　　　　　　　　　　　　　　　　　　　　　　　　）

2 次の文を読んで，あとの問いに答えなさい。　　　　　10点×5〔50点〕

> エクアドルやコロンビアなどでは，多国籍企業が経営する（　A　）でバナナが大規模に生産されている。ブラジルはコーヒー豆だけでなく，近年は大豆や a さとうきび，鶏肉，牛肉の生産も増えている。また，南アメリカは鉱産資源が豊富で，ブラジルの（　B　）やチリの銅，ベネズエラの原油などが輸出品として重要である。特に重化学工業が盛んになったブラジルは経済が急激に発展している。しかし，産業の発達は，アマゾン川流域の（　C　）伐採による地球温暖化の進行や環境破壊，都市部の b 急激な人口増加などの問題を生んでいる。

(1)　文中のA〜Cにあてはまる語句を，それぞれ書きなさい。

A（　　　　　　　）B（　　　　　　　）C（　　　　　　　）

よく出る (2)　下線部aのさとうきびなどの植物を原料とする燃料を何といいますか。

（　　　　　　　）

(3)　下線部bに関して，都市部への急激な人口流入により生まれた，治安や衛生の悪い地域を何といいますか。カタカナで書きなさい。

（　　　　　　　）

第2章第6節 オセアニア州

テストに出る！ ココが要点　　解答 p.7

1 オセアニア州の自然環境　　教 p.122〜p.123

▷ オセアニア州は，(❶　　　　　　　)大陸，ニュージーランド，太平洋の島々（ミクロネシア，メラネシア，ポリネシア）からなる。

▷ 地形…オーストラリアは，大規模な地震や火山がない。

●ニュージーランドは，火山・地震が多く，(❷　　　　　　　)発電や温泉を生かした観光業が盛ん。

▷ 太平洋には，火山島や(❸　　　　　　　)礁に囲まれた島々がみられる。これらは美しい風景を形成し，観光資源となっている。

▷ 気候…オーストラリアは，乾燥した草原・砂漠が広がっている。ニュージーランドは西岸海洋性気候，太平洋の島々は熱帯。

2 移民の歴史と多文化社会への歩み　　教 p.124〜p.125

▷ オセアニア州には，自国の国旗の中にイギリスの国旗が描かれている国がある。…イギリスの(❹　　　　　　　)であったなごり。

▼オーストラリアの国旗

▷ オーストラリア…主にイギリスからの(❺　　　　　　　)によって開拓された。

●1970年代初頭まで，ヨーロッパ以外からの**移民**は制限。**白豪主義**が撤廃されるとアジア・オセアニアからの移民が増加。

●現在は，(❻　　　　　　　)**社会**へと変化。

◇テレビ・ラジオでは英語以外の多言語放送も行う。

(❼　　　　　　　)など先住民の地位の向上に努力。

▷ ニュージーランド…先住民の(❽　　　　　　　)の言語と英語が公用語とされる。先住民の文化や社会的地位を守る取り組み。

3 他地域と結び付いて発展する産業　　教 p.126〜p.127

▷ オーストラリアの畜産…肉牛は南東部で肥育場（フィードロット），内陸部で放牧。羊は南東部や南西部。羊毛の生産は減少。

▷ ニュージーランド…乳牛や肉用の羊の飼育が行われている。

▷ オーストラリアの(❾　　　　　　　)**資源**…鉄鉱石，石炭，ボーキサイトなど。鉄鉱石は北西部，石炭は北東部・南東部。

▷ アジア諸国は重要な貿易相手国であり，**アジア太平洋経済協力**((❿　　　　　　　))でアジアとの結び付きを強める。

満点★ミッション

❶**オーストラリア大陸**
1つの大陸に1つの国（オーストラリア）だけがある。大部分は乾燥帯。

❷**地熱発電**
地下の蒸気を利用して発電する。再生可能エネルギーの1つ。

❸**サンゴ礁**
サンゴが長い時間をかけて積み重なってできる。

❹**植民地**
ほかの国（本国）に支配された地域。

❺**移民**
ほかの国から移り住んだ人々。

❻**多文化社会**
異なる文化をお互いに尊重し合う社会。

❼**アボリジニ**
世界遺産の「ウルル（エアーズロック）」を聖地とする。

❽**マオリ**
ニュージーランドの先住民。

❾**鉱産資源**
工業原料やエネルギーに欠かせない資源。オーストラリアの重要な輸出品。

❿**APEC**
太平洋を囲む国や地域が参加する。

テストに出る！

予想問題

第2章第6節 オセアニア州

🕐 30分

/100点

1 右の地図を見て，次の問いに答えなさい。 10点×6〔60点〕

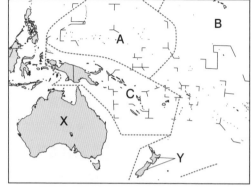

(1) A〜Cの地域をそれぞれ何といいますか。

A （　　　　　　）

B （　　　　　　）

C （　　　　　　）

よく出る (2) XとYの国の先住民を何といいますか。次から選びなさい。

X （　　　　　　）

Y （　　　　　　）

アボリジニ　　　メスチーソ　　　ネイティブアメリカン　　　マオリ

記述 (3) Xの国は多文化社会です。この多文化社会とはどのような社会ですか。「文化」という語句を用いて簡単に書きなさい。

（　　　　　　　　　　　　　　　　　　　　　　　　　　　　　　　　　）

2 次の問いに答えなさい。 (4)完答，8点×5〔40点〕

(1) A・Bは，羊または牛の飼育の分布を示しています。羊の分布にあたるものを選びなさい。

（　　　）

よく出る (2) X・Yは石炭または鉄鉱石の産地の分布を示しています。Xはどちらの分布を示していますか。

（　　　　）

(3) オーストラリアでとれるアルミニウムの原料になる鉱産資源を何といいますか。 （　　　　　　）

オーストラリアの貿易相手国の変化

1965年 合計 63億ドル	① 22.1%	④ 17.3	② 12.9	西ドイツ 4.4	ニュージーランド 3.8	その他 39.5
1985年 合計 459億ドル	② 24.5%	④ 14.9	① 5.1	西ドイツ 4.5	ニュージーランド 4.1	その他 46.9
2018年 合計 4883億ドル	③ 29.8%	② 12.0	7.0	韓国 5.7 ④	インド 3.4	その他 42.1

(UN Comtrade)

(4) 右のグラフの①〜④は次のいずれかの国にあたります。①・③にあてはまる国をそれぞれ選びなさい。

①（　　　） ③（　　　）

ア 日本　　イ アメリカ合衆国

ウ 中国　　エ イギリス

(5) 「アジア太平洋経済協力」の略称をアルファベットで書きなさい。

（　　　　　　）

ちょっとひといき 外国の地名は，声に出してみると覚えやすい！

第1章 身近な地域の調査

満点★ミッション

❶調査テーマ
調べたいことを的確に示す。

❷仮説
ある現象について、仮に立てた説。

❸調査項目
調査することがら。

❹調査方法
地形図や統計資料を活用するという方法もある。

❺野外調査
フィールドワーク。現地の様子や、現地の人の声を直接見たり聞いたりして確認できる。

❻聞き取り調査
資料だけではわからないことを、くわしい人や現地の人に実際に聞く。

❼ルートマップ
調査する道順などを示した地図。

❽文献調査
ある特定のものごとを調査する際に、書籍などを参考にして調べること。

❾考察
まとめられた調査結果をもとに、考えをめぐらせる。

テストに出る！ **ココが要点** 解答 p.8

1 調査テーマを決めよう 教 p.130〜p.131

▷ (❶　　　　　　　　　)の決定…次の六つの視点をもとに、調べてみたいことや疑問に思ったことを整理。

● 六つの視点…自然環境、人口や都市・村落、産業、交通や通信、環境保全、生活・文化。

▷ 調査テーマに対する(❷　　　　　　　)を立てる。

● 日常生活での経験、これまでに学んだことなどを生かす。

2 調査方法を考えよう 教 p.132〜p.133

▷ 調査テーマに対する(❸　　　　　　　)を決める。

▷ 調査項目に対する(❹　　　　　　　)を考える。

● 調査方法には、(❺　　　　　　)（フィールドワーク）や文献調査などがある。

◇ 野外調査には、**野外観察**や(❻　　　　　　)調査がある。野外観察の際には、(❼　　　　　　)を事前に作成しておくと役立つ。聞き取り調査では、前もって何を聞くのかなど調査ノートにまとめ、先方に連絡をとっておく。

▷ 調査項目・調査方法が決まったら、調査計画書を作成する。

3 野外調査を実行しよう 教 p.138〜p.139

▷ 野外観察では、メモ・スケッチなどで調査ノートに記す。

● 観察した場所は、ルートマップに記録しておく。

● カメラやビデオカメラなどで写真や映像を撮っておくと、後で調査結果をまとめるときなどに役立つ。

▷ 聞き取り調査では、聞き取った内容を調査ノートに記録する。

● 許可を得て、録音・撮影すると、調査後に役立つ。

4 調査を深めて結果を発表しよう 教 p.140〜p.141

▷ (❽　　　　　)調査…地図・統計資料などを使って調査すること。入手した資料の名称などや出典を記録しておく。

▷ 集めた資料・情報を整理し、分析する。

▷ 調査結果をもとに、身近な地域の特色を(❾　　　　　　)する。このとき、**仮説**が正しかったか見直す。

▷ 調査結果は、文章・グラフ・地図などでまとめる。

5 地形図の使い方①～縮尺と地図記号～　教 p.134～p.135

▶　(⑩　　　　　　　)…土地の高低，土地の使われ方などの情報を，規則に従って縮めて表したもの。

●地形図は(⑪　　　　　　)が発行している。

▶　(⑫　　　　　　)…実際の距離を縮めた割合。

▶　特に指定がなければ，地図は(⑬　　　　　　)を上にしてつくられている。

▶　(⑭　　　　　　)…地形図で地形，建物，土地の利用状況などを表すための記号。

◎ 市役所	Ⅹ 交番	卄 (⑮　　　　)	
🏥 病院	文 小・中学校	卍 寺院	☼ 発電所
Ｙ 消防署	⊗ 高等学校	🏠 (⑯　　　)	
⊗ 警察署	〒 郵便局	📖 図書館	🏛 博物館・美術館
⚓ 裁判所	‖ (⑰　　　)		∨ 畑
⚲ (⑱　　　)	Ｑ 広葉樹林		∧ 針葉樹林

6 地形図の使い方②～等高線と断面図～　教 p.136

▶　地形図には，地表の同じ高さの地点を線で結んだ(⑲　　　　　　)が描かれている。

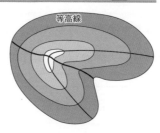

等高線

●等高線どうしの間隔が広いほど傾斜は緩やかに，等高線どうしの間隔がせまいほど傾斜は急になる。

▶　山頂などにある数字は，その地点の標高を示す。

7 地形図の使い方③～新旧の地形図の比較～　教 p.136

▶　地形図は，地域の現在と昔の様子を比較するときに有効。

●土地利用などがどのように変化してきたかがわかる。

8 地形図の使い方④～「地理院地図」～　教 p.137

▶　インターネット上の電子国土基本図は，「地理院地図(電子国土Web)」で閲覧できる。

▶　上空から地表を撮影した空中写真は(⑳　　　　)写真ともいう。空中写真は，都市開発などのためにも使われる。

テストに出る！

予想問題　第1章 身近な地域の調査

⏱30分

/100点

1 次の統計資料をもとにして，1955年以降の折れ線グラフを完成させなさい。　〔10点〕

東京都練馬区の人口の推移

年	人
1950	121,246
1955	174,795
1965	407,033
1975	548,235
1985	578,920
1995	634,785
2005	684,365
2015	714,656

(練馬区資料)

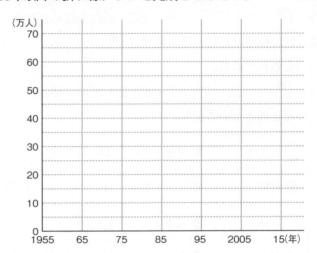

2 次の問いに答えなさい。　5点×5〔25点〕

(1) 次は，身近な地域を調査するときの順番を示しています。①～④にあてはまる語句を，□からそれぞれ選びなさい。　①(　　　　　) ②(　　　　　)
③(　　　　　) ④(　　　　　)

> 調査テーマの決定→調査の(①)を立てる→調査項目の決定→(②)の決定→野外調査(フィールドワーク)の実施→資料や情報の(③)→調査結果の(④)

> 仮説　　考察　　分析　　調査方法

(2) 野外調査(フィールドワーク)を行うとき，事前に作成しておくと便利な，道順などを示しておく地図を何といいますか。　(　　　　　)

3 次の問いに答えなさい。　5点×3〔15点〕

(1) 狭い地域のより細かい情報を知りたいときには，5万分の1の地形図と2万5千分の1の地形図のどちらが適していますか。　(　　　　　)

(2) 2万5千分の1地形図や5万分の1地形図を発行している国の機関を何といいますか。　(　　　　　)

記述(3) 等高線の間隔と地表の傾斜の関係を簡単に書きなさい。
(　　　　　　　　　　　　　　　　　　　　　　)

ちょっとひといき 集中力が切れてきたら，思い切っていったん休憩しよう！

4 右の2万5千分の1地形図を見て，次の問いに答えなさい。　　5点×7〔35点〕

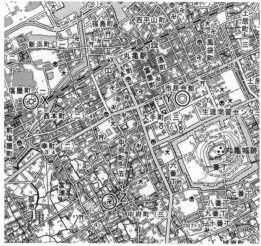

（「丸亀」平成29年調製）

よく出る (1) 地形図中の **X ～ Z** の地図記号はそれぞれ何を表していますか。

X （　　　　　　　　）

Y （　　　　　　　　）

Z （　　　　　　　　）

よく出る (2) 地形図中の「丸亀城跡(まるがめ)」から見た「丸亀駅」の方位を八方位で答えなさい。

（　　　　　　　　）

よく出る (3) この地形図中で4cmあるとき，実際の距離(きょり)は約何kmになりますか。

約（　　　　　　　　）km

(4) 地形図を見て，正しいものを次から2つ選びなさい。　（　　）（　　）

ア　丸亀駅の周辺には，博物館は見られるが，図書館は見られない。

イ　地形図の範囲(はんい)で，最も標高が低い地点は標高10m以下である。

ウ　新浜町(一)に比べて，中府町(五)の方が建物が密集している。

エ　大手町(三)には，官公署(かんこうしょ)や警察署(けいさつしょ)がある。

5 右の2つの地形図は，同じ地域の異なる年代のものです。次の問いに答えなさい。

5点×3〔15点〕

地形図1　　　　　1955年　　地形図2　　　　　2019年

現在の地形図と異なる凡例
𖠿水田　（無地）畑・空き地　⍭桑畑
▨は畑を示す。

（2万5千分の1地形図「志木」昭和30年発行，2万5千分の1地形図「志木」平成31年調製）

(1) 地形図2中の **X** の地図記号は何を表していますか。

（　　　　　　　　）

(2) 地形図1，地形図2を比較(ひかく)して，正しいものを次から2つ選びなさい。

（　　）（　　）

ア　神社はもともとあった場所から移転し，2019年は住宅地の一部となっている。

イ　1955年に水田や桑畑(くわ)であったところは開発が進み，2019年には水田や桑畑が残っていない。

ウ　地形図1から，高速道路は1955年以前につくられていたことがわかる。

エ　1955年，2019年ともに，畑として利用されているところがある。

第2章 日本の地域的特色①

満点★ミッション

❶造山帯
大地の活動が活発で、火山や地震が多い地域。

❷アルプス・ヒマラヤ造山帯
ヨーロッパから東南アジアにかけて連なる造山帯。

❸環太平洋造山帯
太平洋を取り囲むように連なる造山帯。

❹日本アルプス
飛驒山脈は北アルプス、木曽山脈は中央アルプス、赤石山脈は南アルプスという。

❺フォッサマグナ
大きな溝という意味。断層が集まっている。

❻扇状地
扇を開いたような形をした土地。

❼三角州
河口部で、粒の小さい砂や泥が積もる。

❽リアス海岸
東北地方の三陸海岸、三重県の志摩半島などに見られる海岸。

❾大陸棚
大陸の周辺に見られる、海岸から緩やかに続く海底。

❿暖流
北半球で、南から北に流れる海流。

⓫寒流
北半球で、北から南に流れる海流。

テストに出る！ ココが要点　　解答 p.9

1　山がちな日本の地形　　教 p.142〜p.143

▷（**①**　　　　　）…山地や山脈が連なるところ。

●（**②**　　　　　）造山帯…アルプス山脈，ヒマラヤ山脈，インドネシアへと続く。

●（**③**　　　　　）造山帯…ロッキー山脈，アンデス山脈，ニュージーランド，日本列島など。

▷　日本は，山地の面積が陸地の約75%を占める。

●（**④**　　　　　）…飛驒山脈，木曽山脈，赤石山脈。

●（**⑤**　　　　　）…日本アルプスの東側にある。山地や山脈がこの東側でほぼ南北に，西側でほぼ東西方向に連なる。

2　川がつくる地形と海岸や海洋の特色　　教 p.144〜p.145

▷　日本には，多くの平野や盆地がある。

▷（**⑥**　　　　　）…川が山間部から平地に流れ出たところに形成される。扇状地の中央部は果樹園として利用される。

▷（**⑦**　　　　　）…川の河口部に土砂が積もってできる。主に水田や住宅地などとして利用される。

▷　台地…周囲の平地より一段高いところ。水を得にくいため，畑・茶畑・住宅地などとして利用される。

▷（**⑧**　　　　　）海岸…岬と湾が入り組んだ海岸。波が穏やかで，貝・わかめなどの養殖が行われている。

▷　砂浜海岸やサンゴ礁に囲まれた海岸は，観光資源になっている。

▷（**⑨**　　　　　）…水深200mまでの浅くて平らな海底。

●大陸棚の先には水深8000mを超える海溝がある。

▷　日本の近海には4つの海流が流れる。

●（**⑩**　　　　　）流…対馬海流・黒潮（日本海流）。

●（**⑪**　　　　　）流…リマン海流・親潮（千島海流）。

◇黒潮と親潮がぶつかる水域は潮目（潮境）となり，よい漁場を形成している。

▼日本周辺の海流

ココが要点の答えになります。

テストに出る！

予想問題　第2章 日本の地域的特色①

🕐 30分

/100点

1 右の地図を見て，次の問いに答えなさい。

10点×6（60点）

よく出る

(1) 地図1中のX，Yの造山帯を何といいますか。

X（　　　　　　　　　）

Y（　　　　　　　　　）

(2) 地図1中のXの造山帯に含まれる山脈・国として誤っているものを，次から選びなさい。（　　）

ア　ロッキー山脈　　　イ　アンデス山脈

ウ　ニュージーランド　エ　アルプス山脈

(3) 地図2中のA〜Cの山脈をまとめて何といいますか。

（　　　　　　　　　）

(4) 地図2中のA〜Cの山脈に含まれない山脈を，次から選びなさい。（　　）

ア　奥羽山脈　　イ　赤石山脈

ウ　木曽山脈　　エ　飛驒山脈

(5) 地図2中のZには大きな断層が広がっています。この断層をカタカナで何といいますか。

（　　　　　　　　　）

地図1

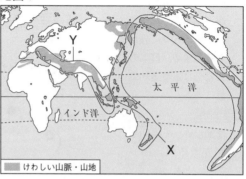

地図2

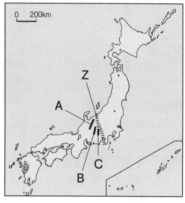

2 次の図を見て，あとの問いに答えなさい。

10点×4〔40点〕

A

B

C

(1) A〜Cが示す地形名をそれぞれ書きなさい。

A（　　　　　　　）B（　　　　　　　）C（　　　　　　　）

(2) 日本近海を流れる海流のうち，暖流の組み合わせを次から選びなさい。　（　　）

ア　対馬海流，黒潮（日本海流）　　イ　対馬海流，親潮（千島海流）

ウ　リマン海流，黒潮（日本海流）　エ　リマン海流，親潮（千島海流）

ちょっとひといき　何より大事なのは体調！ テスト前は無理をしないようにしよう！

第2章 日本の地域的特色②

満点★ミッション

解答 p.9

テストに出る！ **ココが要点**

❶温帯
西岸海洋性気候，温暖湿潤気候，地中海性気候の3つに分かれる気候帯。日本の大部分は温暖湿潤気候にあたる。

❷季節風
季節によって風向きが変わる風。モンスーンともいう。

❸梅雨
6〜7月にかけて雨の日が続く。

❹台風
強風や豪雨を伴う強い熱帯低気圧。

❺日本海側の気候
日本海に面する地域の気候。

❻太平洋側の気候
太平洋に面する地域の気候。

❼内陸の気候
海から離れている地域の気候。季節風が運ぶ水分が少ない。

❽瀬戸内の気候
瀬戸内海に面する地域の気候。

❾南西諸島の気候
台風の通り道にあり，夏だけでなく秋の降水量が多い。

1 日本の気候

教 p.146〜p.147

▷ 日本は，本州・九州・四国が主に（❶　　　　　　），北海道が亜寒帯（冷帯）に属し，四季の変化がはっきりしている。

● （❷　　　　　　）によって，夏は太平洋から暖かく湿った大気が運ばれ，冬はユーラシア大陸から冷たく乾いた大気が運ばれてくることが影響している。

● 日本は（❸　　　　　　）による長雨や（❹　　　　　　），雪などの影響で，降水量が多い。国土の3分の2は森林。

▷ 日本の気候区分は，大きく6つに分けることができる。

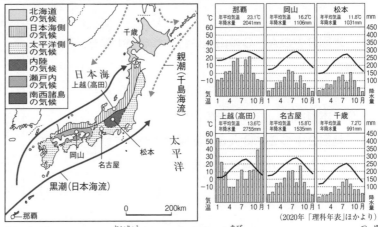

（2020年「理科年表」ほかより）

● **北海道の気候**…冷涼で，冬の寒さが厳しい。はっきりした梅雨はなく，1年を通して降水量が少ない。

● （❺　　　　　　）**側の気候**…冬の季節風が雲をつくり，山地にぶつかって雪を降らせるため，冬に雪が多い。

● （❻　　　　　　）**側の気候**…冬は晴天の日が多く，夏は太平洋から吹く湿った季節風の影響を受けて雨が多い。

● （❼　　　　　　）**の気候**…1年を通して降水量が少ない。夏と冬の気温差，昼と夜の気温差が大きい。

● （❽　　　　　　）**の気候**…冬の季節風が中国山地に，夏の季節風が四国山地にさえぎられ，1年を通して温暖で雨が少ない。

● （❾　　　　　　）**の気候**…1年を通して雨が多い。黒潮の影響で冬でも温暖な気候。

② 日本のさまざまな自然災害　教 p.148〜p.149

▶ 環太平洋造山帯に位置する日本は，（⑩　　　　　）が多く，（⑪　　　　　）も活発に活動する。

● 大きな地震が発生すると，山崩れや**液状化**などの現象が発生。

● 地震により海底の地形が変形すると，（⑫　　　　　）が発生することがある→2011年に起きた**東北地方太平洋沖地震**（**東日本大震災**）では，沿岸部で津波による被害が発生した。

▶ 日本は世界的にみても火山が多い。

● 火山の周辺では，噴火によって（⑬　　　　　）が発生したり，火山灰や溶岩が噴出したりすることがある。

▶ 日本は，梅雨・台風などにより，大雨が降ることが多い。

● 台風の通り道になるところは，強風・（⑭　　　　　）の被害を受けやすく，大雨による（⑮　　　　　）・**土石流**が起こりやすい。

▶ 雨が少ないと，水不足が起こることがある。

▶ 東北地方は，**やませ**の影響を受け，（⑯　　　　　）となることがある。　▶ 大雪による被害も発生。

③ 自然災害に対する備え　教 p.150〜p.151

▶ **防災**や（⑰　　　　　）**災**を目指す取り組みが進む。

● **南海トラフ**の地震に対する備え。

● **東北地方太平洋沖地震**（**東日本大震災**）の発生を受け，津波避難タワーの設置，防災教育の見直しなどが進む。

▶ 大きな災害の発生時には，国・都道府県・市区町村だけでなく，自衛隊・日本赤十字社なども協力する。

● （⑱　　　　　）…国や都道府県，市区町村などが被災者を救助する。

● **自助**…自分や家族の身の安全を守る。

● （⑲　　　　　）…地域の住民どうしが助け合う。

▶ （⑳　　　　　）…火山の噴火や洪水などが起こったときに備えて，被害予測の範囲や避難場所などを示した地図。

▼災害発生時の被災地を支援するしくみ

● 被災者の救出　● 医療活動
● 避難所・仮設住宅の設置
● 食料品・飲料水の支給
● 生活必需品の支給　など

（内閣府資料ほか）

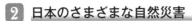

満点★ミッション

⑩**地震**　プレートのぶつかり合う力や火山活動により起こる揺れ。

⑪**火山**　噴火すると，周辺地域に多大な被害をもたらす。

⑫**津波**　地震などによって引き起こされる高い波。

⑬**火砕流**　火山が噴火したときに，高温のガスが火山灰などとともに高速で流れる現象。

⑭**高潮**　発達した低気圧の影響を受け，海面が上昇する現象。

⑮**洪水**　大雨などにより，市街地に水があふれる。

⑯**冷害**　夏の低温によって，農作物に被害が出る。

⑰**減災**　震災などの災害による被害を，できる限り減らそうとする。

⑱**公助**　公的な機関（国や自治体）による支援。

⑲**共助**　共同で避難訓練を行うなど，地域の住民が助け合うこと。

⑳**ハザードマップ**　都道府県や市区町村が災害に備えてつくる地図。

テストに出る！

予想問題　第2章 日本の地域的特色②

⏱30分

/100点

1 次の文を読んで，あとの問いに答えなさい。　　　　　5点×10〔50点〕

> 世界の五つの気候帯のうち，本州・九州・四国は主に（　**A**　）帯，（　**B**　）は亜寒帯（冷帯）に属している。
>
> 日本の気候は，大きく六つの気候区に分けることができる。

(1) 文中の**A**，**B**にあてはまる語句をそれぞれ書きなさい。

　　　　　　　　　　　　　A（　　　　　　　　）　B（　　　　　　　　）

(2) 夏に入る前の6月から7月にかけて，雨の多い時期があります。この時期を何といいますか。　　　　　　　　　　　　　　　　　　　　（　　　　　　　　）

よく出る (3) 下線部について，地図中の①〜⑤の都市の雨温図を，右の**あ〜お**からそれぞれ選びなさい。

　　　　　①（　　　）　②（　　　）
　　　　　③（　　　）　④（　　　）
　　　　　　　　　　　⑤（　　　）

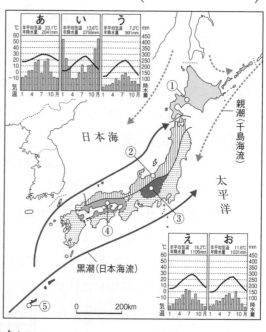

(4) 次の**a〜d**は，地図中の①〜⑤のいずれかの都市が属する気候区について説明したものです。その組み合わせとして正しいものを，あとから選びなさい。

　　　　　　　　　　　　　　　　　　　（　　　　　）

a 夏に南東から吹く季節風が四国山地に，冬に北西から吹く季節風が中国山地にさえぎられるため，一年を通して降水量が少ない。

b 一年を通して降水量が少なく，昼と夜の気温差が大きい。

c 一年を通して冷涼な気候であり，冬には平均気温が氷点下になる日が多い。

d 台風の通り道となるため秋の降水量が多く，冬でも温暖な気候である。

　ア　a−③，b−④，c−①，d−⑤　　　イ　a−③，b−④，c−⑤，d−①

　ウ　a−④，b−③，c−①，d−⑤　　　エ　a−④，b−③，c−⑤，d−①

記述 (5) 日本海側で冬に雪が多くなる理由を，「日本海」「山地」の語句を用いて簡単に説明しなさい。

　（　　　　　　　　　　　　　　　　　　　　　　　　　　　　　　　　　　）

ちょっとひといき　雨温図は，複数のグラフを比べて降水量・気温の傾向の違いを覚えよう！

2 次の文を読んで，あとの問いに答えなさい。　　　　　　　　　　5点×6〔30点〕

> 　日本は（ A ）造山帯に位置しているため，地震や ₐ火山の噴火が多い。大地震が起こると，揺れにより地面が一時的に液体のようになる（ B ）現象が発生する。震源が海底の場合には（ C ）が発生し，ᵦ沿岸部に大きな被害をもたらすことがある。
> 　九州地方など台風の通り道になりやすい地域では暴風や大雨，高潮による被害が起こることがある。一方，雨が十分に降らずに水不足になったり，東北地方の太平洋側では夏の気温が上がらずに作物が不作になる 。冷害になったりすることがある。

(1)　文中のＡ～Ｃにあてはまる語句をそれぞれ書きなさい。

　　　　　A（　　　　　　）B（　　　　　　　　）C（　　　　　　　）

(2)　下線部aについて，2017年や2018年に噴火を起こした霧島山を，ア～エから選びなさい。　　　　（　　　）

(3)　下線部bについて，沿岸部が大きな被害を受けた東北地方太平洋沖地震（東日本大震災）の震源地を，Ｘ～Ｚから選びなさい。　　　　（　　　）

(4)　下線部cについて，冷害の原因となる，東北地方の太平洋側の沿岸部に吹きつける冷たい風を何といいますか。　　　　（　　　　　　　）

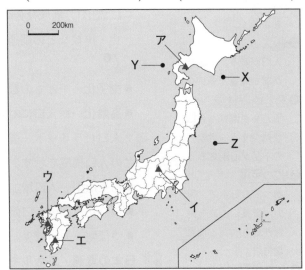

3 次の文を読んで，あとの問いに答えなさい。　　　　　　　　　　5点×4〔20点〕

> 　自然災害に対しては，ₐ防災や減災の取り組みが欠かせない。災害への対応は，ᵦ公助・自助・共助に分けることができる。

(1)　下線部aについて，噴火や地震，大雨などの自然災害による被害の可能性や，避難場所などを示した地図を何といいますか。　　　　　　　　　　（　　　　　　　　　　）

(2)　下線部bについて，公助・自助・共助にあたるものを次からすべて選びなさい。

　　　　公助（　　　　　　　）　自助（　　　　　　　）　共助（　　　　　　　）

　ア　市区町村が被災者の避難所をつくる。　　イ　家族を安全な場所に避難させる。
　ウ　避難のとき，近所の住民どうしで声をかけ合う。
　エ　国が被災地に診療所をつくる。
　オ　自分が住む地域の避難訓練に参加する。

第2章 日本の地域的特色③

 満点★ミッション

テストに出る！ **ココが要点**　解答 p.10

1 日本の人口　教 p.154〜p.155

▶ 日本の人口は1億人を超え，大部分は平野や盆地に集中。

● 特に，東京・大阪・名古屋を中心に広がる（❶　　　　　）圏や札幌，仙台，広島，福岡などの都市の人口が多い。

● （❷　　　　　）…都市部などに人口が集中すること。交通渋滞，ごみ処理などの問題→郊外にニュータウンを開発。

● （❸　　　　　）…農村・離島などで，若い世代が都市部に流出し，地域社会の維持が難しくなること。公共交通機関の廃止・廃校などの問題→農村部に移住する人口を増やす取り組み。

▶ （❹　　　　　）社会…**少子化**と**高齢化**が進んだ社会。

● **少子化**…子どもの数が少なくなること。

● **高齢化**…総人口に対する老年人口の割合が高くなること。

▶ 人口ピラミッド…国などの人口構成を示す。

● **富士山型**…人口増加。

● **つりがね型**…人口停滞。

● **つぼ型**…人口減少。

▼人口ピラミッドの種類と特徴

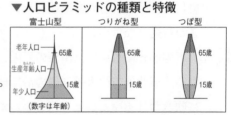

2 日本の資源・エネルギーと電力　教 p.156〜p.157

▶ 鉱産資源…エネルギー資源などとして利用される。

● **原油**…主に西アジアの国々から輸入。

● **鉄鉱石・石炭**…オーストラリアなどから輸入。

▶ 発電方法は，国によって特色が見られる。

● （❺　　　　　）発電…ダムの水を利用する。

● （❻　　　　　）発電…原油・石炭・天然ガスを燃料にする。

　◇（❼　　　　　）化の原因となる温室効果ガスを排出。

● （❽　　　　　）発電…ウランを燃料にする。

● （❾　　　　　）エネルギー…太陽光，風力，地熱など。

▶ 環境対策の取り組み…再生可能エネルギー・省エネルギーの技術の利用や，リサイクルの促進→パソコンなどから希少な（❿　　　　　）を回収して再利用する取り組み。

▶ 持続可能な社会の実現のため，限りある資源を大切に使う。

● **❶三大都市圏**
東京中心の東京大都市圏，大阪中心の京阪神大都市圏，名古屋中心の名古屋大都市圏の3つ。

❷過密
人口が集中し住宅不足・地価の上昇などをまねく。

❸過疎
人口が減る。高齢化が進む地域が多い。

❹少子高齢社会
子どもが減り，人口が減少する。労働力の不足が心配される。

❺水力発電
かつての日本で，電力消費量に占める割合が最も高かった発電方法。

❻火力発電
化石燃料を利用して発電する。

❼地球温暖化
温室効果ガスなどの影響などで，地球の気温が上がること。

❽原子力発電
2011年に起きた事故をきっかけに利用が見直されている。

❾再生可能エネルギー
自然の力をエネルギー源とする。

❿レアメタル
希少金属。リチウム・クロムなど。

予想問題　第2章　日本の地域的特色③

⏱ 30分　/100点

1 右の地図を見て，次の問いに答えなさい。　　　　　　　　　10点×6〔60点〕

(1) A〜Cは，三大都市圏の中心となっている都市です。A〜Cの都市名をそれぞれ書きなさい。

A（　　　　　　　）B（　　　　　　　）

C（　　　　　　　）

(2) 老年人口の県別の割合について，地図を読み取った文として正しいものを，次から選びなさい。　　　　　　　　　（　　）

ア　秋田県と宮城県の割合は32％未満である。

イ　石川県と福岡県の割合は32％未満である。

ウ　高知県と宮崎県の割合は26％未満である。

老年人口の割合
- ■ 32％以上
- ■ 29〜32
- □ 26〜29
- ■ 26％未満

※65歳以上の人口のことです。

0　200km

(2019年)　（住民基本台帳人口・世帯数表　平成31年版）

よく出る (3) 人口が集中する都市で見られる過密による問題を，次から2つ選びなさい。

（　　　　）（　　　　）

ア　バス路線の廃止　　イ　住宅不足　　ウ　病院の統合　　エ　交通渋滞

2 右のグラフを見て，次の問いに答えなさい。　　　　　　　　10点×4〔40点〕

よく出る (1) グラフ1のX，Yが示す鉱産資源を，次からそれぞれ選びなさい。

X（　　　　　）

Y（　　　　　）

ア　液化天然ガス(LNG)　　イ　原油

ウ　石炭　　　　　　　　　エ　鉄鉱石

グラフ1　日本の資源の輸入先

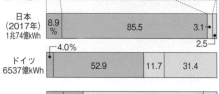

X　1億7386万kL
| サウジアラビア 35.8% | アラブ首長国連邦 29.7 | 8.8 | 8.5 | その他 11.8 |

ロシア 5.4／クウェート／カタール

Y　1億1956万t
| オーストラリア 57.3% | ブラジル 26.3 | その他 10.2 |

カナダ 6.2

(2019年)　（財務省貿易統計）

(2) グラフ2のA〜Cは次のいずれかの発電方法があてはまります。Bにあてはまるものを，選びなさい。　　　　　　　　（　　）

ア　水力発電　　イ　火力発電

ウ　原子力発電

(3) 環境に配慮して，将来の世代も限りある資源を有効に利用できる社会が目指されています。このような社会を何といいますか。

（　　　　　　　　）

グラフ2　主な国の発電量の内訳

	A		その他 0.6
日本 (2010年) 1兆1569億kWh	7.8%	B 66.7	C 24.9
日本 (2017年) 1兆74億kWh	8.9%	85.5	3.1 ／2.5
ドイツ 6537億kWh	4.0%	52.9	11.7 ／ 31.4
フランス 5621億kWh	9.8% 11.2	70.9	8.1

(2017年)　（World Energy Statisticsほか）

第3部 日本のさまざまな地域

第2章 日本の地域的特色④

満点★ミッション

❶**稲作**
平野部などで米をつくること。

❷**近郊農業**
大消費地の近くで，新鮮な野菜や果物などを出荷する。

❸**促成栽培**
作物の生長を早めて出荷する。

❹**果樹栽培**
りんご・みかんなどの果物を栽培する。

❺**食料自給率**
国内で消費する食料のうち，国内生産量でまかなえる割合。

❻**栽培漁業**
稚魚や稚貝を放流し，漁業資源を増やそうとする漁業。

❼**太平洋ベルト**
平野の臨海部に工業地域が連なり，多くの人口が集まる。

❽**加工貿易**
原料を輸入し，工業製品に加工して輸出。

❾**貿易摩擦**
外国の製品が大量に輸入されて国内の産業が衰退するなど，貿易を原因として問題が起こること。

❿**産業の空洞化**
外国に工場が移転し，国内で雇用や技術が失われる問題。

テストに出る！ **ココが要点** 解答 p.10

1 日本の農業・林業・漁業とその変化 教 p.158〜p.159

▶ 日本の耕地…半分以上は水田。(❶　　　　　　　　)は特に東北地方・北陸で盛ん。品質のよい米を生産。

▶ 大都市周辺では(❷　　　　　　　)農業が発達。地域によっては，出荷時期をずらす(❸　　　　　　　)栽培や抑制栽培を行っている。扇状地などでは(❹　　　　　　　)栽培が盛ん。

▶ 飼料の多くを輸入に頼っており，(❺　　　　　　　)が低下。

▶ 農業の課題…海外から安価な農産物の輸入が増え，経営難になる農家が増加。後継者不足や高齢化，農地の荒廃が深刻。

▶ 林業…森林の約4割が，すぎ・ひのきなどの人工林。

▶ 漁業…以前は遠洋漁業・沖合漁業が盛ん。

● 各国が漁業権を主張し，遠洋漁業の漁獲量が減少→不漁などで沖合漁業も減少→養殖業や(❻　　　　　　　)漁業へ。

2 日本の工業とその変化 教 p.160〜p.161

▶ 軽工業から重化学工業，そして先端技術産業(ハイテク産業)へ。

▶ 明治時代以降，京浜・中京・阪神・北九州で工業地帯が発達。第二次世界大戦後は，(❼　　　　　　　)とよばれる，関東地方から九州地方北部にかけて連なる帯状の工業地域が形成。

● 1970年代以降，輸送機械工業・電気機械工業が発展し，内陸部に新しい工業地域が形成。

▼日本のおもな工業地域

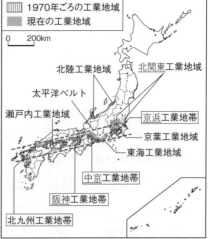

1970年ごろの工業地域
現在の工業地域
0　200km

北陸工業地域
北関東工業地域
太平洋ベルト
瀬戸内工業地域
京浜工業地帯
京葉工業地帯
東海工業地域
中京工業地帯
阪神工業地帯
北九州工業地帯

▶ 日本の工業は(❽　　　　　　　)貿易により発達。

● 1980年代にアメリカ合衆国などと(❾　　　　　　　)が生じる→自動車などを現地生産。多くの企業が多国籍企業として生産を行うようになり，工業のグローバル化が進む。一方で，一部の工業で国内生産が衰退。産業の(❿　　　　　　　)が進む。

テストに出る！
予想問題 第2章 日本の地域的特色④

⏰ 30分

/100点

1 次の問いに答えなさい。

10点×6〔60点〕

(1) 次の①〜③で盛んに行われている農業や栽培方法を，□から選びなさい。

① 日あたりのよい斜面・扇状地 （ 　　　 ）

② 大都市の周辺 （ 　　　 ）

③ 雪どけ水の多い東北地方の日本海側 （ 　　　 ）

稲作	果樹栽培	近郊農業	抑制栽培

よく出る (2) 日本の農業で問題になっていることとして誤っているものを，次から選びなさい。

（ 　　　 ）

ア 収穫量が大幅に減少していること。

イ 高齢化が進んでいること。

ウ 農地が荒れていること。

エ 後継者が不足していること。

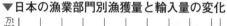

▼日本の漁業部門別漁獲量と輸入量の変化

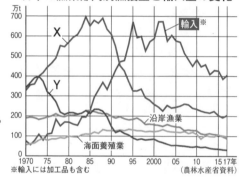

よく出る (3) 日本の漁業について，右のグラフ中のX・Y にあてはまる漁業を，それぞれ何といいますか。

X （ 　　　 ）

Y （ 　　　 ）

2 右の地図を見て，次の問いに答えなさい。

10点×4〔40点〕

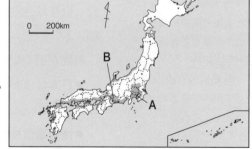

現在の工業地帯・工業地域

よく出る (1) 地図中のA，Bの工業地帯名をそれぞれ書きなさい。

A （ 　　　 ）

B （ 　　　 ）

(2) 次のa，bの製品をつくる産業の組み合わせとして正しいものを，あとから選びなさい。

（ 　　　 ）

a 鉄鋼 b 半導体(IC)

ア a−軽工業，b−重化学工業 イ a−重化学工業，b−先端技術産業

ウ a−重化学工業，b−軽工業 エ a−先端技術産業，b−重化学産業

記述 (3) 日本で発展した加工貿易とはどのような貿易ですか。「原料」「工業製品」の語句を用いて簡単に書きなさい。

（ 　　　 ）

第2章 日本の地域的特色⑤

テストに出る！ ココが要点　解答 p.11

❶第1次産業
農業など自然に働きかけて生産する産業。

❷第2次産業
ものをつくったり加工したりする産業。

❸第3次産業
商業やサービス業。

❹商業
消費者に商品を売る小売業，小売業に商品を売る卸売業。

❺サービス業
宿泊・飲食業・運輸業・郵便業・教育，学習支援業など。

❻ICT
情報通信技術。スマートフォン，インターネットなど。

❼高速交通網
新幹線，高速道路，空港（航空機）など。

❽高速通信網
インターネットが整備され，世界中の人々と高速で情報をやり取りできる。

❾情報格差
情報通信技術（ICT）を利用できるかどうかで生まれる差。

❿7地方区分
日本を九州，中国・四国，近畿，中部，関東，東北，北海道に分ける。

---

1 日本の商業・サービス業　教 p.162～p.163

▷ 産業は大きく3つに大別できる。
- 第（❶　　）次産業…農業・林業・漁業。
- 第（❷　　）次産業…工業・鉱業・建設業など。
- 第（❸　　）次産業…1次・2次以外の産業。
  - ◇（❹　　　　）業…小売業・卸売業など。
  - ◇（❺　　　　）業…宿泊・飲食業や金融・保険業など。
- 現在の日本では，第3次産業で働く人の割合が最も高い。
  - ◇特に，三大都市圏や観光業が盛んな北海道・沖縄県で第3次産業の割合が高い。

▷ 商業の中心地の変化…郊外にある大型のショッピングセンターなどで買い物をする人が増加。→駅前の商店が閉店。
- 情報通信技術（（❻　　　　　　　））の発展により，買い物手段が増える。コンビニエンスストアの普及，電子商取引の拡大など。

▷ サービス業では，ソフトウェア開発・映像制作が東京など大都市を中心に成長。医療・福祉サービスは全国で増加。

2 日本の交通網・通信網　教 p.164～p.165

▷ 船舶…多くの品物を安価で輸送できる。原油や液化天然ガスなど資源の輸入，機械・自動車など重い製品の輸出に利用。

▷ 航空貨物…軽量・高価な電子部品，新鮮さが必要な野菜・生花。

▷ 近年は，中国・韓国などから外国人旅行者が増加。

▷ （❼　　　　　　）網の整備…国内の都市間の移動にかかる時間が短くなった。
- 日本はほかの先進国よりも，鉄道による旅客輸送の割合が高い。

▷ （❽　　　　　　）網の整備…インターネットの普及。
- 情報通信技術を利用できる人と利用できない人の間には（❾　　　　　　）がある。

3 さまざまな地域区分　教 p.166～p.167

▷ 地域区分…ある地域を，複数の意味あるまとまりに分けること。
- （❿　　）地方区分がよく使われる。西日本・東日本・北海道の区分や，山陰・山陽の区分もある。

テストに出る！
予想問題
第2章 日本の地域的特色⑤

🕐 30分

/100点

1 次の問いに答えなさい。　10点×5〔50点〕

よく出る (1) グラフ1中の①〜③に含（ふく）まれる産業を，あとから
すべて選びなさい。

①（　　　　　）　②（　　　　　）

③（　　　　　）

ア　宿泊（しゅくはく）・飲食業（いんしょく）　イ　林業　　ウ　漁業

エ　建設業（けんせつ）　　オ　小売業（こうり）　　カ　工業

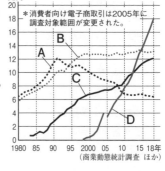

グラフ1　日本の産業別人口の割合の変化

	① 第1次産業	② 第2次産業	③ 第3次産業
1970年 5255万人	19.3%	34.1	46.6
2015年 6316万人	3.8%	26.8	69.4

(ILO STAT)

(2) 次の県のうち，第3次産業で働く人の割合が最も高い県を，
選びなさい。　　　　　　　　　　　　　　（　　　）

ア　長野県　　イ　沖縄県　　ウ　静岡県　　エ　山形県

よく出る (3) グラフ2中のA〜Dには，次のいずれかがあてはまります。
Aにあてはまるものを選びなさい。　　　（　　　）

ア　デパート　　　　　　　イ　消費者（しょうひしゃ）向け電子商取引（でんししょうとりひき）

ウ　大型スーパーマーケット　　エ　コンビニエンスストア

グラフ2　小売店の販売額の変化

＊消費者向け電子商取引は2005年に調査対象範囲が変更された。

（商業動態統計調査 ほか）

2 次の問いに答えなさい。　10点×3〔30点〕

記述 (1) 電子部品が航空機（こうくうき）で運ばれる理由を，「採算（さいさん）」の語句を用いて簡単に書きなさい。

（　　　　　　　　　　　　　　　　　　　　　　　　　　　　　）

(2) 右のグラフは日本の国内輸送の内訳を示
しています。X，Yに共通してあてはまる
輸送（ゆそう）機関名をそれぞれ答えなさい。

X（　　　　　）

Y（　　　　　）

旅客	航空機 0.3／船 1.1		
1960年	X 75.8%	Y 22.8	
2018年	30.2%	63.0	6.6／0.2

貨物	航空機 0.1未満		
1960年	X 39.0%	Y15.0	船 46.0
2018年	60.9	35.1	3.8／0.2

（交通関連統計資料集 ほか）

3 右の地図を見て，次の問いに答えなさい。　10点×2〔20点〕

(1) Xの地方名を何といいますか。　（　　　　　）

(2) Xに含まれる県を□□からすべて選びなさい。

（　　　　　　　　　　　　　　　）

| 群馬県 | 山梨県 | 埼玉県 | 三重県 |
| 茨城県 | 福島県 | 大分県 | 栃木県 |

0　200km
―― 地方の境
……… 都道府県の境

X

第3章第1節 九州地方

満点★ミッション

解答 p.11

テストに出る！ **ココが要点**

❶カルデラ
火山の爆発などによりつくられた，大きなくぼ地。

❷筑紫平野
筑後川の下流に広がる平野。福岡市などの都市が発達。

❸リアス海岸
岬と湾がくり返す，複雑に入り組んだ海岸。

❹南西諸島
種子島・屋久島〜沖縄諸島・尖閣諸島などが含まれる。

❺暖流
北半球では，南から北に向かって流れ，周辺の海水よりも温かい海流。

❻梅雨
主に6〜7月にかけて雨が続く状態。

❼火山灰
火山が噴火したときに出る灰。

❽温泉
日本の源泉の4割が九州に集まる。

❾地熱発電所
地下の蒸気や熱水を利用して発電する。

---

1 九州地方の自然環境　教 p.174〜p.175

▷ 巨大な（ ❶　　　　　）をもつ阿蘇山が，九州の中央部にある。

● 阿蘇山の南には，九州山地が連なる。

▷ 九州西部に雲仙岳(長崎県)，南部に桜島(鹿児島県)・霧島山(鹿児島県・宮崎県)などの**火山**がある。

▷ 筑後川や白川は九州山地に源を発し，下流域には，（❷　　　　　）・熊本平野が広がる。

▷ 九州の北西部の海岸線は（❸　　　　　）<u>海岸</u>。

● 長崎県の西には，広大な大陸棚をもつ海域がある。→長崎県は全国有数の漁獲量を誇る。

▷ 有明海は，日本最大の干潟をもち，養殖のりの産地。

▷ 宮崎平野では，ビニールハウスで野菜栽培が盛ん。

▷ （❹　　　　　）<u>諸島</u>には，サンゴ礁など美しい自然を求めて多数の観光客が訪れる島がある。

▷ 気候…（❺　　　）<u>流</u>の黒潮・対馬海流が近くを流れており，温暖。（❻　　　　　）の時期から<u>台風</u>が通過する時期は降水量が多い。集中豪雨により洪水などが起こることも。

▼九州地方の自然環境

筑紫平野　筑後川　阿蘇山　有明海　九州山地　桜島　宮崎平野　屋久島　種子島

---

2 火山と共にある九州の人々の生活　教 p.176〜p.177

▷ 鹿児島市に近い<u>桜島</u>は，噴火をよく起こす**火山**である。

● 桜島の噴火により，鹿児島市内に（❼　　　　　）が降ることがある→火山灰は，専用の回収袋で集積所に集める。

● 噴石や火砕流などに備え，シェルター(待避壕)の設置。定期的に避難訓練を実施して，避難経路の確認を行う。

▷ 火山は地下水を温めて，（❽　　　　　）を作る。

● <u>大分県</u>には別府温泉・湯布院温泉，熊本県には黒川温泉。

● 近年は，アジアの韓国・中国などから観光客が多い。

▷ 九州地方には，国内の（❾　　　　　）<u>発電所</u>の6割が集まる→八丁原地熱発電所(大分県)の発電量は日本最大級。

ココが要点の答えになります。

3 自然を生かした九州地方の農業　教 p.178〜p.179

▷ (⑩　　　　　) 台地…九州南部に広がる。水を通しやすく，農業に不向き→ダムや農業用水の整備により，農業に変化。

● 笠野原（鹿児島県）…さつまいも・野菜・茶を栽培している。

● 鹿児島県は，静岡県に次ぐ茶の産地となっている。

▼シラス台地の分布

霧島山
鹿児島
薩摩半島
桜島
笠野原
開聞岳
大隅半島

▢ シラス　▲ 主な火山

0　30km

▷ 九州南部は畜産が盛んであり，豚・鶏・肉牛の産地。

● 外国産の安い肉に対抗して，味がよく安全な肉の生産が進む。

● 「かごしま黒豚」，「宮崎牛」，地鶏などの (⑪　　　　　) 化。

▷ 佐賀県と福岡県にまたがる筑紫平野では，稲作が終わった後に，米以外の作物を栽培する (⑫　　　　　) が行われる。

▷ 九州南部では，野菜の (⑬　　　　　) 栽培が盛ん。

● 宮崎平野…きゅうり，ピーマンなど。熊本平野…トマトなど。

4 都市や産業の発展と自然環境　教 p.180〜p.181

▷ 福岡市…政府の出先機関や大企業の支社が集中している。

● (⑭　　　　　) 都市圏として，市街地が広がる。

▷ (⑮　　　　　) 工業地帯…1901年に八幡製鉄所が操業を開始。鉄鋼業を中心とした工業地帯が発達した。

● 水質汚濁など (⑯　　　　　) が発生した時期がある。

→現在は環境保全やリサイクル技術で注目される。

▷ 1970年代，九州に (⑰　　　　　) (集積回路)をつくる工場が急増。その後アジアに生産拠点を移す企業が増加。

5 南西諸島の自然と人々の生活や産業　教 p.182〜p.183

▷ (⑱　　　　　) 礁の美しい海が広がる。伝統的な住居は，台風に備えて石垣に囲まれ，屋根が低くなっている。

▷ (⑲　　　　　) 業がさかん。リゾートの開発が進む。

● さとうきび・菊・パイナップル・マンゴーの生産量が多い。

▷ 沖縄は第二次世界大戦中の戦場。→1972年まで，(⑳　　　　　) 軍の統治下。現在もアメリカ軍の専用施設がある。

満点★ミッション

⑩ **シラス台地**
シラスとよばれる火山の噴出物が積み重なってできた。

⑪ **ブランド化**
「かごしま黒豚」・「宮崎牛」など。

⑫ **二毛作**
1年に2回，同じ耕地で異なる作物（米と麦など）を栽培すること。

⑬ **促成栽培**
冬でも暖かい気候を生かして，作物の出荷時期を早める栽培方法。

⑭ **福岡都市圏**
福岡を中心とした市街地の広がり。

⑮ **北九州工業地帯**
福岡県の北九州市を中心に広がる。

⑯ **公害**
大気汚染，水質汚濁，騒音，悪臭など。

⑰ **IC（集積回路）**
スマートフォンなどに使われている電子装置。

⑱ **サンゴ礁**
サンゴが長い時間をかけて積み重なってできる。

⑲ **観光業**
宿泊・飲食業，旅行業などが含まれる。

⑳ **アメリカ**
沖縄島の約15%面積を占める，軍の専用施設をもつ国。

51

テストに出る！
予想問題　第3章第1節 九州地方

⏱ 30分
/100点

1 右の地図を見て，次の問いに答えなさい。　5点×6〔30点〕

(1) Aの河川，Bの平野，Cの山地，Dの火山の名をそれぞれ書きなさい。

A（　　　　　　）川　　B（　　　　　　）平野

C（　　　　　　）山地　D（　　　　　　）島

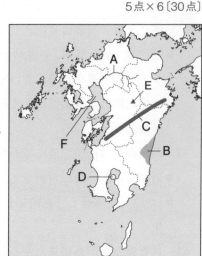

📝記述 (2) Eの火山は世界最大級のカルデラで知られています。カルデラとはどのような地形のことですか。簡単に説明しなさい。

（　　　　　　　　　　　　　　　　　）

(3) Fの海で盛んに養殖されているものを，次から選びなさい。　（　　　）

ア　のり　　イ　うなぎ　　ウ　ほたて　　エ　わかめ

2 次の文を読んで，あとの問いに答えなさい。　5点×4〔20点〕

> 　a火山が多い九州地方には（　　）が多い。九州地方にある全国有数の（　　）地として，大分県の別府（　　）・湯布院（　　）や熊本県の黒川（　　）などがある。また，火山のエネルギーはb地熱発電にも利用されている。

(1) 文中の（　　）にあてはまる語句を書きなさい。　（　　　　　　　　　）

(2) 下線部aについて，火山の噴火によって発生する自然災害を，□から選びなさい。

（　　　　　　　　　　）

液状化 （えきじょうか）	高潮 （たかしお）	洪水 （こうずい）	火砕流 （かさいりゅう）

(3) 下線部bについて，写真は，日本最大級の発電量を誇る地熱発電所です。この施設がある県を，次から選びなさい。　（　　　）

ア　福岡県　　イ　大分県

ウ　佐賀県　　エ　長崎県

八丁原地熱発電所

よく
出る (4) 鹿児島県のある島には，樹齢（じゅれい）1000年を超える杉があります。世界遺産に登録されているこの島を何といいますか。　（　　　　　　　　　）

　ちょっとひといき　十分に時間があるなら，ノートをきれいにまとめ直すのも効果的だよ！

3 右のグラフや地図を見て，あとの問いに答えなさい。　　　　5点×6〔30点〕

よく出る (1) 右のグラフ中の**X**・**Y**が示す家畜を，次か
らそれぞれ選びなさい。

X（　　　）　Y（　　　）

ア　ブロイラー　　イ　肉牛
ウ　羊（ひつじ）　　　　エ　豚（ぶた）

家畜の飼育が盛んな県

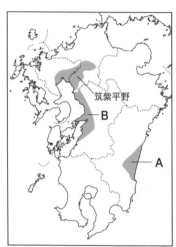

X
鹿児島 13.9%
宮崎 9.1
北海道 7.6
群馬 6.9
千葉 6.6
茨城 5.1
その他 50.8
合計 916万頭

Y
宮崎 20.4%
鹿児島 20.2
岩手 15.7
青森 5.0
その他 38.7
合計 1億3823万羽

(2019年)　　　　　　（農林水産省資料）

よく出る (2) 地図中の筑紫（ちくし）平野では，同じ耕地で，稲作
が終わったあと，小麦や大麦などの作物を栽
培しています。このように，1年に2回，同じ耕地で異な
る作物を栽培することを何といいますか。

（　　　　　　　　　）

よく出る (3) 地図中の**A**・**B**の平野について，次の問いに答えなさい。

① A・Bの平野では，冬でも温暖な気候を生かして，野
菜の出荷（しゅっか）時期を早める栽培方法がとられています。この
栽培方法を何といいますか。

（　　　　　　　　　）

② A・Bの平野で盛んに栽培されている農産物を，次か
らそれぞれ選びなさい。　　A（　　　）　B（　　　）

ア　ピーマン　　イ　茶　　ウ　トマト　　エ　米

筑紫平野

4 次の問いに答えなさい。　　　　5点×4〔20点〕

(1) 右のグラフ中の**X**にあてはまる工業を何と
いいますか。

（　　　　　　　　　）

(2) 八代（やつしろ）海に面する地域で，1950〜1960年代に
発生した公害病を何といいますか。

（　　　　　　　　　）

(3) 沖縄県の面積の約15%を占める，地図中の**Y**は，何の専用
施設（しせつ）を表していますか。

（　　　　　　　　　）の専用施設

(4) 沖縄県を含む南西諸島で栽培が盛んな作物として誤（あやま）ってい
るものを，次から選びなさい。　　　　（　　　）

ア　パイナップル　　イ　りんご
ウ　マンゴー　　　　エ　さとうきび

九州地方の工業出荷額の内訳

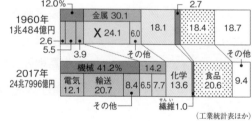

1960年
1兆484億円
金属 30.1
X 24.1
6.0
18.1
18.4
18.7
12.0%
2.6
5.5
3.9
その他
その他

2017年
24兆7996億円
機械 41.2%
電気 12.1
輸送 20.7
8.4
6.5
7.7
14.2
化学 13.6
食品 20.6
9.4
その他
繊維（せんい）1.0

（工業統計表ほか）

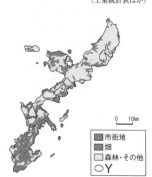

0　10km

■ 市街地
■ 畑
□ 森林・その他
○ Y

第3章第2節 中国・四国地方

❶山陰
鳥取県・島根県・山口県の北部。

❷ため池
讃岐平野に多い，水をためる池。

❸本州四国連絡橋
児島（倉敷）－坂出ルート（瀬戸大橋）。神戸－鳴門ルート（大鳴門橋・明石海峡大橋）。尾道－今治ルート（瀬戸内しまなみ海道）。

❹瀬戸大橋
1988年に開通。岡山県と香川県の間を結ぶ。

❺瀬戸内工業地域
瀬戸内海の沿岸部を中心に広がる工業地域。

❻石油化学コンビナート
石油製品を効率よく生産するため，関係する工場が集まる。

❼促成栽培
野菜の成長を早めて，端境期に出荷する。

❽過疎化
人口が都市部に流出し，社会の維持が困難になる状態。

❾地域おこし
地域の産業や文化を盛んにすること。

❿瀬戸内しまなみ海道
徒歩や自転車でも移動可能。

テストに出る！ ココが要点 解答 p.12

1 中国・四国地方の自然環境 教 p.190〜p.191

▷ 三つの地域に分けられる。

● （**❶** ）…中国山地の北側。**瀬戸内**…瀬戸内海に面する。**南四国**…四国山地の南側。

▷ 気候…三つの地域ごとに異なる。

● 山陰は，北西から吹く**季節風**の影響を受け，冬に雨や雪が多い。

隠岐諸島／中国山地／鳥取砂丘／瀬戸内海／讃岐平野／四国山地／高知平野

● 瀬戸内は，夏と冬の季節風が山地にさえぎられ，降水量が少ない→水不足に備えて農業用水の（**❷** ）の整備。

● 南四国は，黒潮の影響で温暖。南東から吹く季節風や台風の影響を受け，夏から秋にかけて降水量が多い。

2 交通網の整備と人々の生活の変化 教 p.192〜p.193

▷ （**❸** ）…本州と四国を結ぶ三つのルート。

● 岡山県倉敷市（児島）と香川県坂出市を結ぶ（**❹** ）。

● 兵庫県神戸市と徳島県鳴門市を結ぶ**大鳴門橋・明石海峡大橋**。

▷ フェリーが廃止・減便…かえって生活が不便になった人もいる。

3 瀬戸内海の海運と工業の発展 教 p.194〜p.195

▷ 臨海部に（**❺** ）**工業地域**が広がり，岡山県倉敷市・愛媛県新居浜市などに**石油化学**（**❻** ）が形成。

● **石油化学工業**・製鉄業など重化学工業が発展。岡山県倉敷市の**水島地区**では，石油化学製品・鉄鋼・自動車などを生産。

4 交通網を生かして発展する農業 教 p.196〜p.197

▷ 瀬戸内では，みかんなどの**かんきつ類**の生産が盛ん。

▷ 高知平野では，ビニールハウスを利用したなす・ピーマンの（**❼** ）**栽培**。→夏の露地栽培と組み合わせる。

5 人々を呼び寄せる地域の取り組み 教 p.198〜p.199

▷ （**❽** ）**化**…中国山地・四国山地の山間部などで進む→（**❾** ）**おこし**により，活性化を目指す。

▷ （**❿** ）は，広島県尾道市と愛媛県今治市を結ぶ→国内外から観光客が集まる。

テストに出る！

予想問題 **第3章第2節 中国・四国地方**

⏱30分

/100点

1 右の地図を見て，次の問いに答えなさい。

(2)10点，他5点×2〔20点〕

よく出る (1) Aの橋，Bのルートの名前を書きなさい。ただし，Bについては（　）内にあてはまる語句を書きなさい。

A （　　　　　　　　　）

B （　　　　　　　　　）海道

記述(2) A～Cの橋が完成したことにより，生活が不便になった人も生まれました。フェリーの廃止によって生活が不便になったのはどのような人々ですか。簡単に書きなさい。

（　　　　　　　　　　　　　　　　　　　　　　　　　）

2 右の地図を見て，次の問いに答えなさい。

10点×8〔80点〕

(1) X～Zの都市の雨温図を，次からそれぞれ選びなさい。

X （　　） Y （　　） Z （　　）

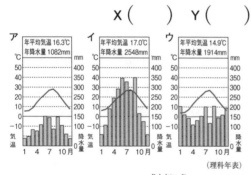

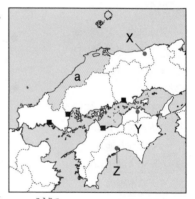

(2) 地図中■などの都市の臨海部に建設されてきた，石油製品を効率よくつくるために関連工場を集めた地区を何といいますか。　　　（　　　　　　　　　）

(3) 次の文を読んで，あとの問いに答えなさい。

> （ A ）県では砂丘のほか，境港市が新たな観光地となっている。自動車工業が盛んな広島市は，市内に世界遺産の（ B ）があり，平和記念都市になっている。愛媛県では，丘陵地の斜面でみかんなどのかんきつ類の栽培が，南四国の高知平野では野菜の（ C ）が盛んである。

① A～Cにあてはまる語句をそれぞれ書きなさい。

A （　　　　　　　） B （　　　　　　　） C （　　　　　　　）

② aの県で，下線部に登録されているところはどこですか。　（　　　　　　　）

ちょっとひといき　グラフは全体を見ないで，一番多いところ少ないところに注目しよう！

第3章第3節 近畿地方

満点★ミッション

❶琵琶湖
国内で最も広い湖。滋賀県の面積の約6分の1を占める。

❷淀川
琵琶湖を水源とする唯一の河川。大阪湾に注ぐ。

❸若狭湾
近畿地方の日本海側でリアス海岸が見られる湾。

❹季節風
季節により吹く方向が変わる風。

❺黒潮
日本列島の太平洋側を北上する暖流。日本海流ともいう。

❻ため池
水不足のとき，田畑に水を送れるようにつくられた池。

❼京阪神大都市圏
三大都市圏の1つ。大阪市を中心として鉄道など交通網が発達している。

❽ニュータウン
大都市の過密状態を軽減するため，計画的に開発された街。

❾天下の台所
江戸時代，全国の米などを取引する商業が盛んに行われてきたことに由来する大阪のよび名。

テストに出る！ **ココが要点** 解答 p.13

1 近畿地方の自然環境 教 p.206～p.207

▷ 地形…北部・中央部・南部の3つの地域に分けられる。

●中央部…(❶　　　　　　)湖と(❷　　　　　)川を中心とした低地。近江盆地などの盆地・大阪平野などの平野が広がる。→京都・大阪・神戸などの大都市が集中している。

●北部には丹波高地などのなだらかな山地，南部には**紀伊山地**などの険しい山地。

▷ (❸　　　　　　)湾や志摩半島には**リアス海岸**がある。

▷ 気候…地形と同じく，北部・中央部・南部に分けられる。

●北部…冬に北西から吹く(❹　　　　　　)の影響で，降雪・降雨が多い。

●南部…(❺　　　　　　)潮の影響で温暖。和歌山県では，**みかん・梅**など果樹栽培が盛ん。紀伊半島の南東側は，南東から吹く**季節風**の影響で，夏の降水量が極めて多い。

●中央部…盆地中心に夏は暑く，冬は冷えこむ。1年を通して降水量が少なく，農業用の(❻　　　　　　)がつくられてきた。

2 琵琶湖の水が支える京阪神大都市圏 教 p.208～p.209

▷ (❼　　　　　)**大都市圏**…京都・大阪・神戸を中心に広がる。東京大都市圏に次ぐ人口→人口増で住宅地が不足。

●1960年代以降，郊外に千里・泉北・須磨など(❽　　　　　　)が建設される。神戸市では，山を削って，住宅地を造成。

▷ **琵琶湖**…京阪神大都市圏の生活を支える水源。1970年代には**赤潮**などプランクトンが異常発生し，水道水への影響が問題になる。

●りんを含む合成洗剤の使用を止め，下水道の整備や工場廃水の制限が進む。→湖岸にヨシを植え，水質改善を目指す。

▷ 大阪は「水の都」や「(❾　　　　　　)」とよばれる。

●堀川とよばれる運河をまちづくりに生かす。

▼近畿地方の自然環境

若狭湾　琵琶湖
京都盆地
大阪平野
淀川　奈良盆地
志摩半島
紀伊山地
熊野川
135°

3 阪神工業地帯と環境問題への取り組み 教 p.210〜p.211

▷ (⑩　　　　　　　　)工業地帯…第二次世界大戦後，日本の工業を支える。1960年代以降，(⑪　　　　　　　)沈下や大気汚染などの(⑫　　　　　　　)が発生。工業用地の不足も問題に。

→大阪湾の埋め立てが進み，埋立地に工場が移転。化学工業・鉄鋼業など(⑬　　　　　　　)工業が発達した。

● 1980年代以降，工場の閉鎖などにより工業出荷額が減少。

● 2000年代にはテレビ工場などが進出したが，急速に衰退。

● 現在は，太陽光発電パネルをつくる工場や物流施設などが集まる地域となっている。工業用水のリサイクルを行う。

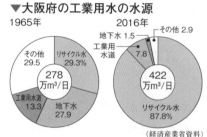

▼大阪府の工業用水の水源

1965年
その他 29.5
リサイクル水 29.3%
278 万m³/日
工業用水道 13.3
地下水 27.9

2016年
地下水 1.5
工業用水道 7.8
その他 2.9
422 万m³/日
リサイクル水 87.8%

（経済産業省資料）

▷ 東大阪市・八尾市には (⑭　　　　　　　)の町工場…日用品や世界的に高い技術を用いた製品をつくっている。

4 古都京都・奈良と歴史的景観の保全 教 p.212〜p.213

▷ 京都の町並み…碁盤の目のように区画されている。

▷ 京都・奈良は，日本の政治・文化の中心として発展してきたことから，「(⑮　　　　　　　)」とよばれる。

● 清水寺や東大寺は，世界遺産に登録されている。

● 西陣織，清水焼，奈良墨など(⑯　　　　　　　)の生産が盛ん。

▷ 奈良市の町家保存，京都市の景観政策(電線の地中化)など，伝統的な町並みを守る取り組み。建物の高さやデザインを規制。

5 環境に配慮した林業と漁業 教 p.214〜p.215

▷ 紀伊山地…古くから(⑰　　　　　　　)業が行われてきた。

● (⑱　　　　　　　)(奈良県)・尾鷲ひのき(三重県)などで有名。これらは，高品質な木材のブランドとして利用されている。

● 近年は高齢化が進み，若い後継者が不足→「緑の雇用」制度など。

▷ 森林には，(⑲　　　　　　　)化を防ぐ役割がある。

● 「環境林」を守るため，植林などの作業を行う取り組みが進む。

▷ 水質汚濁から，(⑳　　　　　　　)の英虞湾で，真珠をつくる貝が減少。日本海側ではとりすぎでズワイガニの漁獲量が減少

● 漁を制限するなどの対策。

テストに出る！

予想問題

第3章第3節 近畿地方

⏱30分

/100点

1 右の地図を見て，次の問いに答えなさい。

5点×5〔25点〕

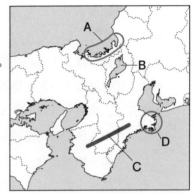

よく出る (1) 地図中の**A**のように，出入りの複雑な海岸を何といいますか。（　　　　　）

よく出る (2) 地図中の**B**の湖，**C**の山地をそれぞれ何といいますか。

　　　B（　　　　　）　**C**（　　　　　）

(3) **D**の半島で盛んに養殖（ようしょく）されているものを，次から選びなさい。（　　）

　　ア　ズワイガニ　　イ　真珠

　　ウ　まだい　　　　エ　こんぶ

(4) **C**の山地では，古くから林業が行われてきました。この山地でとれる「尾鷲（おわせ）ひのき」はどこの県の高品質な木材のブランドですか。次から選びなさい。（　　）

　　ア　奈良県　　イ　和歌山県　　ウ　三重県　　エ　大阪府

2 右の地図を見て，次の問いに答えなさい。

5点×5〔25点〕

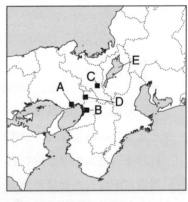

(1) 地図中の**A**〜**C**の都市は，それぞれの府県の府県庁所在地（ざいち）にあたります。次の問いに答えなさい。

　① これらの都市のうち，都市名が府県名と異なる都市を書きなさい。

　　　　　　　　（　　　　　）市

　② これらの都市を中心として広がる大都市圏（けん）を何といいますか。

　　　　　　　　（　　　　　）

　③ 「天下の台所」とよばれ，商業の中心地となった都市を**A**〜**C**から選びなさい。

　　　　　　　　（　　）

(2) 地図中の**D**には，大都市の過密（かみつ）状態を解消するために建設された住宅地があります。このような住宅地をカタカナで何といいますか。（　　　　　）

(3) 地図中の**E**の湖について述べた文として誤っているものを次から選びなさい。

　　　　　　　　（　　）

　ア　1970年代には赤潮（あかしお）やアオコとよばれるプランクトンの異常発生が起こった。

　イ　りんを含む合成洗剤の使用を中止して，**E**の湖の水質を守ろうとした。

　ウ　ヨシを湖岸に植えることをやめたことで，**E**の湖の水質が改善（かいぜん）された。

ちょっとひといき　「好きな音楽を聴きながら」など，自分にとって集中しやすい環境を整えよう！

3 右のグラフを見て，次の問いに答えなさい。　5点×5〔25点〕

(1) 右のグラフ中の**A〜D**には，次の**ア〜エ**の
いずれかがあてはまります。**A**，**B**にあては
まる工業を次からそれぞれ選びなさい。

A（　　　）　B（　　　）

ア　繊維　　イ　化学
ウ　機械　　エ　鉄鋼・金属

阪神工業地帯の工業出荷額割合

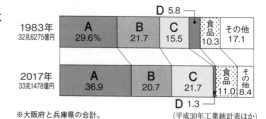

	A	B	C	D 5.8	食品	その他
1983年 32兆6275億円	A 29.6%	B 21.7	C 15.5		食品 10.3	その他 17.1
2017年 33兆1478億円	A 36.9	B 20.7	C 21.7	D 1.3	食品 11.0	その他 8.4

※大阪府と兵庫県の合計。
（平成30年工業統計表ほか）

(2) 次の**a〜d**は阪神工業地帯の臨海部について述べています。これらを年代の古い順に並
べかえたものを，下から選びなさい。　　　　　　　　　　　　　　　　　（　　　）

a　太陽光発電のパネルや蓄電池をつくる工場が集まった。

b　地下水をくみ上げすぎたため，地盤沈下が起こった。

c　化学製品や鉄鋼などをつくる工場が閉鎖し，工業出荷額が減少した。

d　テレビなどをつくる工場が進出し，生産拠点となった。

ア　a→c→d→b　　イ　b→c→d→a

ウ　c→a→d→c　　エ　d→b→c→a

(3) 工場から出る煙により起こる大気汚染や，工場廃水により起こる水質汚濁など，人々が
行う活動が原因となって発生する被害を漢字2字で何といいますか。

（　　　　　　　　）

(4) 東大阪市や八尾市に多く見られるのは，大企業または中小企業のどちらですか。

（　　　　　　　　）

4 次の問いに答えなさい。　5点×5〔25点〕

(1) 京都や奈良のように，かつて日本の都が置かれていた都市を何といいますか。

（　　　　　　　　）

よく出る(2) 京都府でつくられている伝統的工芸品として正しいものを，次から2つ選びなさい。

（　　　）（　　　）

ア　三線　　イ　西陣織　　ウ　清水焼　　エ　信楽焼

(3) 近畿地方には，さまざまな世界遺産があります。近畿地方にある世界遺産として誤って
いるものを，次から選びなさい。　　　　　　　　　　　　　　　　　　　（　　　）

ア　姫路城　　イ　清水寺　　ウ　東大寺　　エ　原爆ドーム

記述(4) 京都市では右のような政策が進められています。
このような政策を進めている目的を，簡単に説明し
なさい。

（　　　　　　　　　　　　　　　　）

・建物の形や色を工夫する。
・建物の高さや形を制限する。
・屋上看板を禁止し，高さ・大きさな
どの規制を強化する。

第3章第4節 中部地方

❶日本アルプス
飛騨山脈・木曽山脈・赤石山脈の総称。

❷信濃川
長野県・新潟県を流れる日本で最も長い川。

❸東海
静岡県・愛知県・岐阜県南部。近畿地方の三重県の一部を含めることがある。

❹中央高地
長野県・山梨県・岐阜県北部。

❺北陸
新潟県・富山県・石川県・福井県。

❻自動車工業
豊田市では織物機械を作る技術を土台に発展した組み立て型の工業。

❼四日市市
三重県の都市。高度経済成長期に、排煙による公害が発生した。

❽中京工業地帯
日本最大の工業地帯。

❾陶磁器
愛知県瀬戸市や、岐阜県多治見市の地場産業。

❿名古屋大都市圏
愛知県・岐阜県・三重県が鉄道などで結び付いた都市圏。

テストに出る！ **ココが要点** 解答 p.13

1 中部地方の自然環境 教 p.222〜p.223

▷ 地形…起伏に富む。

● 中央部には飛騨山脈・木曽山脈・赤石山脈の3000m級の山々が連なる。

● 太平洋には、富士川、木曽川などが注ぐ。日本海には信濃川などが注ぐ。

● 山梨県の甲府盆地・長野県の長野盆地・松本盆地などには、その地域の中心都市が見られる。

● 太平洋側には濃尾平野、日本海側には越後平野・富山平野など。

▽中部地方の自然環境

② （ ）川
① とよ
越後平野
飛騨山脈
浅間山
御岳山
甲府盆地
木曽山脈
富士山
木曽川
赤石山脈
濃尾平野
輪中地帯が見られる
渥美半島

▷ 気候…三つの地域ごとに大きく異なる。

● （❸　　　　　　）（太平洋側）…夏〜秋の降水量が多い。冬でも温暖で、駿河湾沿いではみかん栽培が盛ん。

● （❹　　　　　　）（内陸）…一年を通して降水量が少なく、冬の寒さが厳しい。長野県軽井沢町は避暑地として人気。

● （❺　　　　　　）（日本海側）…冬に北西から吹く季節風の影響で雪が多い。

2 中京工業地帯の発展と名古屋大都市圏 教 p.224〜p.225

▷ 愛知県豊田市を中心として、（❻　　　　　　）工業が発達。

▷ 愛知県東海市には製鉄所・三重県（❼　　　　）市には石油化学コンビナートがある。

● 内陸部と臨海部が一体化→（❽　　　　　　）工業地帯。

● 愛知県瀬戸市・岐阜県多治見市では、（❾　　　　　）を生産する技術をもとにしたファインセラミックス産業が発達。

▷ 名古屋市を中心に（❿　　　　　）大都市圏を形成。東京大都市圏、京阪神大都市圏に次いで人口が多い。

● 東海道新幹線や東名高速道路、中部国際空港…各地と結び付く。

3 東海で発達するさまざまな産業　教 p.226〜p.227

▷ (⑪　　　　　　　)工業地域…静岡県の太平洋沿岸に広がる。
●浜松市…ピアノなどの楽器やオートバイ・自動車生産が盛ん。
●富士市…豊かな水を生かした製紙・パルプ工業が盛ん。

▷ 静岡県の牧ノ原台地・磐田原台地…温暖で霜があまり降りない。
日当たり・水はけがよい→茶の栽培に適している。

▷ 東海では，温室などの施設を使う施設園芸農業が盛ん。
●渥美半島…1968年に豊川用水が整備→(⑫　　　　　　)農
業が発達。電照栽培で日照時間をのばして開花を遅らせる菊の
(⑬　　　　　　)栽培が盛ん。
●静岡県…切り花・いちご・メロンなどの栽培が行われている。

▷ 静岡県の焼津港…(⑭　　　　　　)漁業の基地となる。

4 内陸にある中央高地の産業の移り変わり　教 p.228〜p.229

▷ 甲府盆地や長野盆地の(⑮　　　　　)…養蚕が盛んなこ
ろは桑畑として利用。その後，製糸業が衰退。→ぶどう・桃など
の果樹栽培が盛んになった。ぶどうを原料にワインも生産。

▷ 八ケ岳のふもと，長野県の野辺山原は，夏の涼しい気候を生か
した抑制栽培により，(⑯　　　　　　)野菜を出荷している。

▷ 長野県の諏訪盆地…製糸業→機械工業→第二次世界大戦後，き
れいな水や空気を生かして，(⑰　　　　　　)工業が発達。
●1980年代以降，高速道路に近い長野県松本市・伊那市などでは，
電子部品，産業ロボットなどの電気機械工業が発達。

5 雪を生かした北陸の産業　教 p.230〜p.231

▷ 新潟県の越後平野…豊富な雪どけ水を生かした稲作。「魚沼産
コシヒカリ」などの(⑱　　　　　　)が作られる。

▷ 北陸は雪が多く，米は(⑲　　　　　　)で作られる。
●冬の間は，漆器などの工芸品を作る副業が行われてきた。
◇副業から(⑳　　　　　　)産業が発達…新潟県燕市の金
属製品の製造，福井県鯖江市の眼鏡枠(フレーム)作りなど。
◇地場産業のうち，伝統的工芸品を生産する産業は伝統産業と
いう。

▷ 北陸には多くの水力発電所がある。…雪どけ水を利用。
●特に黒部川には水力発電所が多く，多くの電力と水を必要とす
るアルミニウム工業の発展を支えた。

満点★ミッション

⑪東海工業地域
　自動車・オートバイ
　などの輸送用機械の
　出荷額が大きい工業
　地域。
⑫園芸農業
　野菜や花などを都市
　向けに栽培する農業。
⑬抑制栽培
　成長を抑えて出荷時
　期をずらす栽培方法。
⑭遠洋漁業
　陸地から遠い海域で
　まぐろやかつおなど
　をとる漁業。各国が
　漁業権を主張したこ
　とで，漁獲量が減少。
⑮扇状地
　川が山地から平地に
　流れ出るところにで
　きる。水はけがよい。
⑯高原野菜
　レタスやキャベツな
　ど。長野県の高原で
　生産が盛ん。
⑰精密機械工業
　時計やレンズなどを
　作る工業。
⑱銘柄米
　特に優れた品質をも
　つとして産地や品種
　が登録されている米。
　「コシヒカリ」「新之
　助」など。
⑲単作
　1年間に1種類のみ
　の農作物を栽培する。
　一毛作ともいう。
⑳地場産業
　その地域と密接に結
　び付いて発達した。

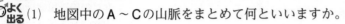

テストに出る！
予想問題

第3章4節 中部地方

⏰ 30分

/100点

1 右の地図を見て，次の問いに答えなさい。 5点×7〔35点〕

(1) 地図中のA～Cの山脈をまとめて何といいますか。

（　　　　　　　　）

(2) 地図中のA～Cの山脈名として正しいものを，次から選びなさい。 （　　）

　ア　A−赤石山脈　　イ　B−飛驒山脈

　ウ　C−飛驒山脈　　エ　C−赤石山脈

(3) 地図中のDとEの河川を次からそれぞれ選びなさい。

D（　　）　E（　　）

　ア　信濃川　　イ　天竜川
　ウ　木曽川　　エ　長良川

(4) 地図中のF，Gの平野名をそれぞれ書きなさい。

F（　　　　　　　）平野　G（　　　　　　　）平野

(5) 北陸には，県名と異なる名前の県庁所在地が一つあります。この都市名を書きなさい。

（　　　　　　　）市

2 右の地図を見て，次の問いに答えなさい。 5点×5〔25点〕

(1) 地図中の①～③の都市で盛んな工業・産業を，次からそれぞれ選びなさい。

①（　　）　②（　　）　③（　　）

　ア　自動車工業
　イ　航空宇宙産業
　ウ　ファインセラミックス産業
　エ　石油化学工業

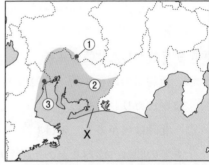

(2) 右の地図中のXに広がる工業地帯を何といいますか。

（　　　　　　　　）工業地帯

(3) 右のグラフは，ある工業の県別出荷額割合を示しています。グラフが示す工業として正しいものを，次から選びなさい。 （　　）

　ア　化学工業　　　イ　鉄鋼業
　ウ　輸送機械工業　エ　電子部品

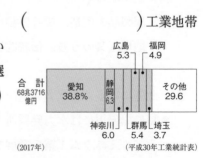

| 合計 68兆3716億円 | 愛知 38.8% | 静岡 6.3 | 神奈川 6.0 | 群馬 5.4 | 埼玉 3.7 | 広島 5.3 | 福岡 4.9 | その他 29.6 |

(2017年) （平成30年工業統計表）

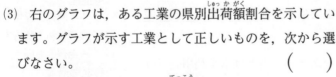

ちょっとひといき　人によって得意な覚え方は違う…何度も書く，何度も声に出すなどいろいろ試そう！

3 右のグラフを見て，次の問いに答えなさい。　　　　　4点×3〔12点〕

(1) 右のグラフ中の**A・B**が示す農産物の組み合わせを，次から選びなさい。　（　　）

農産物の都道府県別生産割合

A 8.6万t	静岡 38.7%	鹿児島 32.6	三重 7.2	その他 21.5

		茨城	鹿児島 5.2	
B 146.7万t	群馬 18.8%　愛知 16.7　千葉 8.5　7.5			その他 43.3

(2018年)　　　　　　　　　　　　　　（農林水産省資料）

　　ア　**A**－みかん　　　**B**－キャベツ

　　イ　**A**－みかん　　　**B**－菊

　　ウ　**A**－茶　　　　　**B**－キャベツ

　　エ　**A**－茶　　　　　**B**－菊

(2) 都市への出荷を目的に野菜や花などを栽培する農業のうち，温室などを利用する農業を何といいますか。　　　　　　　　　　　　　　（　　　　　　　）

(3) 東海工業地域に含まれる都市とその都市で生産されている製品の組み合わせを，次から選びなさい。　　　　　　　（　　　）

　　ア　東海市－ピアノなどの楽器　　　イ　東海市－紙・パルプ

　　ウ　浜松市－ピアノなどの楽器　　　エ　浜松市－紙・パルプ

4 次の文を読んで，あとの問いに答えなさい。　　　　　5点×4〔20点〕

　　養蚕が盛んだった甲府盆地や長野盆地では，繭から生糸を作る（　①　）が衰退すると，ワインの原料となる（　②　）などの果樹栽培が始まった。長野県の野辺山原などでは，レタスの栽培が盛んである。諏訪盆地では，時計やレンズを作る（　③　）が発達した。

東京へ出荷されるレタスの量

(2019年)　　　　　　　　（東京都中央卸売市場）

(1) ①〜③にあてはまる語句をそれぞれ書きなさい。

　　①（　　　　　　　）　②（　　　　　　　）　③（　　　　　　　）

記述 (2) 下線部について，右上のグラフを見て，長野県のレタスの出荷時期の特徴を，ほかの2つの産地と比較して簡単に説明しなさい。

　　（　　　　　　　　　　　　　　　　　　　　　　　　　　　　　　　）

5 次の問いに答えなさい。　　　　　4点×2〔8点〕

(1) 冬の積雪が多い北陸で行われる，1年間に1種類の農産物だけを栽培する農業を何といいますか。　　　　　　　　　（　　　　　　　）

(2) 眼鏡枠(フレーム)の生産が盛んな北陸の都市を，次から選びなさい。　（　　　）

　　ア　福井県鯖江市　　　　イ　新潟県小千谷市

　　ウ　新潟県燕市　　　　　エ　石川県輪島市

第3章第5節 関東地方

満点★ミッション

❶関東平野

日本最大の平野。利根川が流れる。

❷関東ローム

富士山や箱根山などの火山灰が積もってできた赤土。

❸季節風

季節によって吹く向きが変わる風。

❹ヒートアイランド現象

都心部で周辺より気温が上昇する現象。

❺首都

政府が置かれている, その国の中心都市。

❻夜間人口

普段, その地域に住んでいる人口。

❼副都心

都心に次いで中心的な役割をもつ地区。

❽東京大都市圏

東京を中心とする, 日本最大の大都市圏。

❾再開発

元々あった建物などを取り壊して, 新しい町をつくること。

❿ニュータウン

大都市の郊外に新しくつくった住宅地。

⓫政令指定都市

政令によって特別な権限をもっている大都市。

テストに出る！　ココが要点　　解答 p.14

1 関東地方の自然環境　教 p.238〜p.239

▷ 関東地方は最も人口が多い地方。(❷　　　　　　)が覆う台地と, 河川沿いの低地が山地に囲まれる。

▷ 気候…大部分は太平洋側の気候。

● 内陸…北西の(❸　　　　　　)が乾いた風となって吹き降りてくるため, 冬に晴天の日が続く。夏は高温で, 山沿いで雷雨が発生。

● 南関東など海沿い…黒潮が流れるため, 冬も暖かい。

● 伊豆諸島…1年中温暖。　● 小笠原諸島…南西諸島と似た気候。

▷ 東京の中心部では(❹　　　　　　)現象がみられる。

● 関東地方では局地的大雨(ゲリラ豪雨)がしばしば発生。

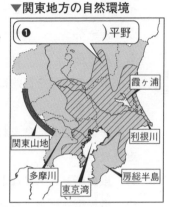

▼関東地方の自然環境

(❶　　　　)平野

霞ヶ浦　利根川　房総半島　東京湾　多摩川　関東山地

2 多くの人々が集まる首都, 東京　教 p.240〜p.241

▷ 日本の(❺　　　　　　)である東京…中心部は23の特別区。

▷ 東京のオフィス街は, 近隣の県から通勤・通学してくる人が多いため, (❻　　　　　　)人口よりも昼間人口の方が多い。

▷ 東京は, ニューヨーク・ロンドンなどと並ぶ世界都市。

▷ 都心…千代田区・中央区など。ターミナル駅をもつ新宿・渋谷・池袋などは(❼　　　　　　)とよばれる。

3 東京大都市圏の過密問題とその対策　教 p.242〜p.243

▷ (❽　　　　　　)大都市圏…日本の約4分の1の人口が集中し, 過密となっている→通勤ラッシュなどの都市問題が発生。

▷ 都市機能を分散→1970年代に筑波研究学園都市の建設。1990年代以降, 臨海部の埋立地などで(❾　　　　　　)が進む。「幕張新都心」・「さいたま新都心」・「みなとみらい21」地区など。

▷ 1970年代には, 多摩・海浜などに(❿　　　　　　)の建設が進む。現在, 高齢化・少子化などが問題になっている。

▷ (⓫　　　　　　)…関東地方には, 横浜市・川崎市・さいたま市・千葉市・相模原市の五つ。横浜市は全国第2位の大都市。

4 人口の集中と第3次産業の発達 教 p.244〜p.245

▶ 東京には，政治，経済のニュースや流行など，多様な情報が集まる→多数のテレビ局，新聞社，出版社が集中。

● 情報通信技術(ICT)関連産業や流通に関連した産業も盛ん。

● テーマパークやイベントを開催する展示場など，東京は，第3次産業のうちの(⑫)業が発達。人口がさらに集中する要因。

● 商業に従事する人も多く，卸売業・小売業の販売額は全国一。

▶ 交通網が発達し，東京周辺に大型ショッピングセンターが建設。

5 臨海部から内陸部へ移りゆく工場 教 p.246〜p.247

▶ (⑬)工業地帯…東京都・神奈川県・埼玉県にまたがる。東京都は(⑭)業が盛ん。

▶ 東京湾岸の埋立地…製鉄所や火力発電所，物流倉庫。

● 千葉県の臨海部…(⑮)工業地域が広がり，**石油化学コンビナート**が見られる。

▶ 人口増加による市街地の拡大→工業用地の不足や公害が発生。

● 機械工業の工場が内陸に移転。海外移転も増加。→跡地は再開発により，企業のオフィス・商業施設などに転用される。

▶ (⑯)工業地域…栃木県・群馬県・茨城県に形成。

● 県や市町村が(⑰)を造り，工場を誘致。

● もともと繊維工業・航空機の生産が盛んだったが，現在は電気機械工業・自動車工業が発達している。

● 近年，製品は，北関東自動車道を利用し，茨城港からも輸出。

6 大都市周辺の農業と山間部の過疎問題 教 p.248〜p.249

▶ 関東平野の台地では，(⑱)農業が発展。住宅地の拡大に伴い，市街地よりも外側で盛んになる。

● 茨城県や千葉県では**野菜**・鶏卵の生産が，栃木県ではいちごのブランド品種「とちおとめ」の生産や乳牛の飼育が盛ん。

● 道路網が整備→保冷トラックによる長距離輸送が可能に。
　◇群馬県嬬恋村…夏の高原の涼しい気候でキャベツを生産。
　◇冬も温暖な(⑲)・三浦半島南部…花の栽培。

▶ 山間部では，高齢化と過疎の問題。

● 特産品の開発，働く場所の確保，自治体が運営する住宅の整備などを進め，Uターンや(⑳)をうながす。

満点★ミッション

⑫ **サービス業**
情報サービス業・広告業・デザイン業など。

⑬ **京浜工業地帯**
製品の輸出に適した東京湾岸を中心に発達してきた工業地帯。

⑭ **印刷業**
出版社や新聞社が集まることから，東京の出荷額が大きい産業。

⑮ **京葉工業地域**
特に化学工業が盛んな東京湾岸の工業地域。

⑯ **北関東工業地域**
特に高速道路の近くに工場が集まる。関東地方の内陸型の工業地域。

⑰ **工業団地**
国や自治体などが，工場を計画的に集めた地域。

⑱ **近郊農業**
大消費地の周辺で，都市部に向けて野菜などを栽培する農業。

⑲ **房総半島**
千葉県の南部の半島。近海を黒潮が流れるため，温暖である。

⑳ **Iターン**
大都市圏の出身者が大都市圏以外(主に地方)に移住すること。

テストに出る！

予想問題　第3章第5節 関東地方

⏱30分

/100点

1 右の地図を見て，次の問いに答えなさい。　　　5点×6〔30点〕

(1) 地図中の**A**の半島，**B**の川，**C**の山脈をそれぞれ何といいますか。

A（　　　　　　　）半島

B（　　　　　　　）川

C（　　　　　　　）山脈

よく出る (2) 次の文中の下線部を特に何といいますか。5字で答えなさい。　　（　　　　　　　）

> 関東平野は，火山灰が堆積した赤土に覆われた台地や河川沿いにできた低地からなる。

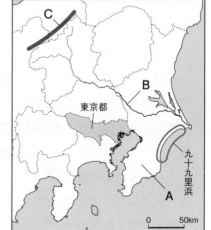

(3) 地図中の九十九里浜に見られる海岸の地形を何といいますか。

（　　　　　　　）

記述 (4) 地図中の東京都の中心部で見られるヒートアイランド現象とはどのような現象ですか。「中心部」「周辺部」の語句を用いて，簡単に説明しなさい。

（　　　　　　　　　　　　　　　　　　　　　）

2 次の文を読んで，あとの問いに答えなさい。　　　5点×4〔20点〕

> 日本の首都_A東京は，政治・経済の中心である。土地を有効に活用するため，都心や（　**B**　）とよばれる新宿・渋谷・池袋などのターミナル駅の周辺は，地下鉄が走り，高層ビルが立ち並ぶ。東京に次いで人口が多い横浜市には，（　**C**　）。東京湾の_D臨海部には，直線の海岸線が多くなっている。

(1) 下線部**A**について，多くの企業・大学が集まる東京は，昼間人口と夜間人口のどちらが多いですか。　　（　　　　　　　）

(2) 文中の**B**にあてはまる語句を書きなさい。　　（　　　　　　　）

(3) 文中の**C**にあてはまる文を，次から選びなさい。　　（　　　）

　ア　幕張新都心がある。　　　　イ　大規模なニュータウンが広がる。

　ウ　筑波研究学園都市がある。　エ　「みなとみらい21」地区がある。

(4) 下線部**D**について，臨海部の土地の海岸線が直線的であるのは，これらがどのような土地であるためですか。　　（　　　　　　　）

ちょっとひといき　1つテストが終わったらその記憶は捨てて，次の教科にそなえよう！

3 次の資料を見て，あとの問いに答えなさい。　　　　　　　　　　5点×4〔20点〕

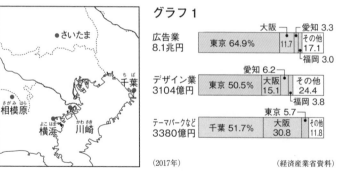

グラフ1

広告業
8.1兆円 ── 東京 64.9% ｜ 11.7 ｜ その他 17.1 ──大阪 ──愛知 3.3 ──福岡 3.0

デザイン業
3104億円 ── 東京 50.5% ｜ 大阪 15.1 ｜ その他 24.4 ──愛知 6.2 ──福岡 3.8

テーマパークなど
3380億円 ── 千葉 51.7% ｜ 大阪 30.8 ｜ その他 11.8 ──東京 5.7

（2017年）　　　　　　　　　（経済産業省資料）

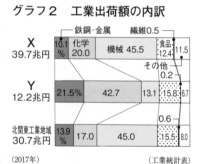

グラフ2　工業出荷額の内訳

（2017年）　　　　　　　　　（工業統計表）

(1) 地図中の5つの都市は，いずれも人口が特に多く，都道府県並みの特別な権限をもっています。このような都市を何といいますか。　（　　　　　　　）

(2) グラフ1はいずれも東京で盛んな産業を示しています。これらの産業をまとめて何といいますか。　（　　　　　　　）

(3) グラフ2は関東地方の工業について示しています。グラフ中のXが示す工業地帯名，Yが示す工業地域名を，それぞれ書きなさい。

X（　　　　　　　）　Y（　　　　　　　）

4 次の会話文を読んで，あとの問いに答えなさい。　　　　　　　　5点×6〔30点〕

> たけしさん：東京大都市圏の周りの地域では， a農業が盛んみたいだね。
>
> ひろきさん：でも山間部では農林業などで働く人の高齢化が進んでいるみたいだよ。
>
> みさきさん：そうそう。だから山間部の人々は， b生まれ故郷の山間部にもどって生活することや cほかの地域出身者が移り住むことを増やそうと， d定住できる村づくりの対策に取り組んでいるんだよ。

(1) 下線部aについて，右下の①〜③の地域の農業の特色を，次からそれぞれ選びなさい。

①（　　　）②（　　　）③（　　　）

ア　温室などで出荷時期を早める促成栽培が盛ん。

イ　高原の涼しい気候を利用して夏にキャベツを生産。

ウ　はくさいが全国有数の生産量をほこる。

エ　冬でも暖かく，花の栽培が盛ん。

各地の農業
・房総半島南部……　①
・群馬県の嬬恋村…　②
・茨城県…………　③

(2) 下線部b，cにあてはまる語句を書きなさい。

b（　　　　　　　）　c（　　　　　　　）

(3) 下線部dの内容としてあてはまらないものを，次から選びなさい。　（　　　）

ア　地域の自然を生かした特産品の開発　　イ　村の中での働き口の確保

ウ　再開発による高層ビルの建設　　　　　エ　村営住宅の整備

第3章第6節 東北地方

満点★ミッション

❶三陸海岸
岩手県から宮城県にかけてリアス海岸が見られる海岸。養殖業が盛ん。

❷やませ
夏に吹く冷たく湿った北東の風。

❸伝統行事
古くから地域で受け継がれてきた行事。

❹冷害
夏の低温で，農作物（稲）が十分に育たず，収穫量が減少する。

❺減反政策
米の生産量を減らす政府の政策。

❻銘柄米
秋田県の「あきたこまち」，山形県の「はえぬき」など。

❼さくらんぼ
山形県で生産が盛ん。「佐藤錦」などが有名。

❽潮目
寒流と暖流がぶつかるところ。よい漁場となる。

❾東北地方太平洋沖地震
2011年に発生した地震。大きな津波災害を引き起こした。東日本大震災。

❿南部鉄器
岩手県の伝統的工芸品。地元に豊富にあった砂鉄や漆，木材を利用して生産。

テストに出る！ ココが要点　解答 p.15

1 東北地方の自然環境　教 p.256〜p.257

▷ 中央に**奥羽山脈**が連なる。

▷ 日本海側には，世界遺産に登録された**白神山地**がある。太平洋側の（**❶**　　　）には**リアス海岸**が続く。

▷ 気候…日本海側は冬に北西から吹く**季節風**の影響で雪が多い。太平洋側は，夏に（**❷**　　　）が吹くと，曇りの日が続き，気温が低くなる。

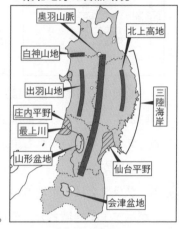
▼東北地方の自然環境

（地図中ラベル）奥羽山脈／北上高地／白神山地／出羽山地／庄内平野／最上川／山形盆地／三陸海岸／仙台平野／会津盆地

2 伝統行事と生活・文化の変化　教 p.258〜p.259

▷ （**❸**　　　）**行事**…生活や文化と結び付く。

● 東北三大祭り…「仙台七夕まつり」「秋田竿燈まつり」「青森ねぶた祭り」が人気。仙台市を中心とする**都市圏**の形成。

▷ 新幹線などが通らない地域では，人口減少・**高齢化**が進む。

3 稲作と畑作に対する人々の工夫や努力　教 p.260〜p.261

▷ 太平洋側では，**やませ**の影響で（**❹**　　　）も起こる。

▷ （**❺**　　　）**政策**により，ほかの作物への転作が進む。

● 冷害に強く，よりおいしい（**❻**　　　）の開発も進んだ。

▷ 古くから，そば・小麦の栽培が行われてきた。

4 果樹栽培と水産業における人々の工夫や努力　教 p.262〜p.263

▷ 山形県では，（**❼**　　　）や西洋なし，ぶどうの**果樹栽培**。青森県の津軽平野でりんご，福島盆地では桃の栽培が盛ん。

▷ （**❽**　　　）（潮境）…寒流の**親潮**と暖流の**黒潮**がぶつかって形成。三陸海岸の入り江や陸奥湾では**養殖業**が盛ん。

● （**❾**　　　）（東日本大震災）により漁港に被害。

5 工業の発展と人々の生活の変化　教 p.264〜p.265

▷ 冬の間の**出稼ぎ**→**工業団地**の増加で農漁業と兼業する人が増える。

▷ 太陽光・バイオマスなど，**再生可能エネルギー**の導入が進む。

▷ （**❿**　　　）**鉄器**など，**伝統的工芸品**が作られている。

テストに出る！
予想問題

第3章第6節 東北地方

🕐 30分

/100点

1 次の文を読んで，あとの問いに答えなさい。 10点×10〔100点〕

> 東北地方は，南北に a 山地などが連なり，その周りに b 平野や盆地がある。c 稲作や d 果樹栽培，e 漁業が盛んで，かつては農業のできない冬に出稼ぎに行く人が多かったが，f 工業が発達したため，出稼ぎが大幅に減少した。g 東北の各県にはそれぞれ伝統的工芸品がある。

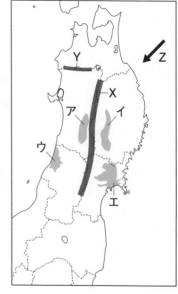

(1) 下線部 a について，地図中の X と Y の山脈・山地を何といいますか。

X（　　　　　　　） Y（　　　　　　　）

(2) 下線部 b について，①庄内平野と②仙台平野にあてはまるものを，地図中のア～エから選びなさい。

①（　　　） ②（　　　）

よく出る (3) 下線部 c について，Z は米の成長をさまたげ，収穫量を減らす冷害を引き起こす風を示しています。この風を何といいますか。

（　　　　　　　　　　）

(4) 下線部 d のうち，①りんごと②さくらんぼの生産量を示したグラフを，次から選びなさい。

①（　　　） ②（　　　）

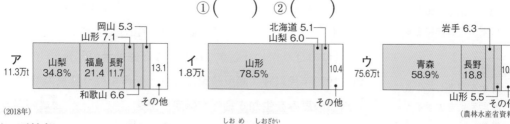

ア
11.3万t
山梨 34.8% ｜ 福島 21.4 ｜ 長野 11.7 ｜ 13.1
岡山 5.3
山形 7.1
和歌山 6.6
その他

イ
1.8万t
山形 78.5% ｜ 10.4
北海道 5.1
山梨 6.0
その他

ウ
75.6万t
青森 58.9% ｜ 長野 18.8 ｜ 10.5
岩手 6.3
山形 5.5
その他

(2018年)

（農林水産省資料）

記述 (5) 下線部 e について，よい漁場である潮目（潮境）とはどのような場所ですか。簡単に説明しなさい。

（　　　　　　　　　　　　　　　　　　　　　　　　　　　　　　　）

(6) 下線部 f の理由としてあてはまらないものを，次から選びなさい。 （　　　）

ア 働き手が多くいたため。　　　　イ もともと製糸業が発展していたため。

ウ 県などが工業団地を整備したため。　エ 高速道路や新幹線が整備されたため。

(7) 下線部 g の県庁所在地のうち，東北地方唯一の政令指定都市で東北地方の中心的な役割を担う都市はどこですか。 （　　　　　　　）市

第3章第7節 北海道地方

 満点★ミッション

❶亜寒帯〔冷帯〕
夏と冬の気温差が大きい気候帯。

❷流氷
海を流れている氷のかたまり。

❸利雪
新千歳空港などで実用化されている雪冷房システムのように、雪を生かす取り組み。

❹泥炭地
農業に適さない湿地。「客土」によって土地の改良が進められた。

❺開拓使
北海道を開拓するために置かれた役所。

❻畑作
北海道の1戸あたりの耕地面積は広い。

❼輪作
同じ土地で、年ごとに栽培する作物を変えること。

❽酪農
乳牛を飼育して牛乳や乳製品を生産する農業。

❾北洋漁業
ロシアの沿岸やアラスカ沖などで行われていた。

❿エコツーリズム
生態系を守りながら、観光を楽しめるようにすること。

テストに出る！ **ココが要点**　解答 p.15

1 北海道地方の自然環境　教 p.272～p.273

▷ 日本の面積の約5分の1。
▷ 石狩平野には水田地帯。
▷ 十勝平野・根釧台地は火山灰が積もってできた。
▷ 中央部～南西部には、大雪山や有珠山などの火山がある。
▷ 気候…北海道のほとんどは、（❶　　　　　　）帯に属する。
● 日本海側は、北西から吹く季節風の影響で、冬に雪が多い。
● 太平洋側は、南東から吹く季節風が寒流の親潮で冷やされ、濃霧が発生するため、夏の気温が上がりにくい。
● オホーツク海沿岸には、冬に（❷　　　　　　）が押し寄せる。

▼北海道地方の自然環境
（オホーツク海、知床半島、石狩川、石狩平野、洞爺湖、根釧台地、有珠山、十勝平野）

2 雪と共にある北海道の人々の生活　教 p.274～p.275

▷ 札幌市…日本最大の都市。機械を用いた除雪が行われる。
▷ 雪を生活に役立てる（❸　　　　　　）の取り組みが進む。

3 厳しい自然環境を克服してきた稲作　教 p.276～p.277

▷ 石狩平野…かつて湿地の（❹　　　　　　）が広がっていた。
● もともとアイヌの人々が住んでいた。明治時代に政府によって（❺　　　　　　）が置かれ、屯田兵などによって開拓。
▷ 「ゆめぴりか」、「ななつぼし」など銘柄米の開発。
▷ 1970年代以降、減反政策により、転作を行う農家の増加。

4 自然の恵みを生かす畑作や酪農、漁業　教 p.278～p.279

▷ 十勝平野や北見盆地…日本有数の（❻　　　　　　）地帯。
● 小麦、てんさい、じゃがいもなどの（❼　　　　　　）を行う。
▷ 根釧台地やその周辺…（❽　　　　　　）が盛ん。
▷ 漁業…かつて盛んだった（❾　　　　　　）漁業は各国の排他的経済水域の設定により衰退→現在は養殖業・栽培漁業が盛ん。

5 北国の自然を生かした観光業　教 p.280～p.281

▷ 北海道を訪れる外国人観光客の増加。世界遺産に登録された知床では、（❿　　　　　　）で生態系の保全と観光を両立。

予想問題 テストに出る！

第3章第7節 北海道地方

⏱30分 /100点

1 右の地図を見て，次の問いに答えなさい。　10点×5〔50点〕

(1) Xの平野，Yの台地をそれぞれ何といいますか。

X（　　　　　　　）平野
Y（　　　　　　　）台地

よく出る (2) Xの平野では，どのような農業が盛んですか。次から選びなさい。　（　　　）
ア 稲作　イ 畑作　ウ 果樹栽培

(3) 次の文中の①にあてはまる語句を▢から選びなさい。また，②にあてはまる語句を書きなさい。

①（　　　　　　　）②（　　　　　　　）

> 地図中のYの台地では，（ ① ）が盛んである。大消費地から遠いYの台地では，主にチーズなどの（ ② ）に加工してからの出荷が盛んである。近年は輸送技術の進歩で，生乳を鮮度を保ったまま他の都府県へ出荷できるようになった。

混合農業　遊牧　酪農　二毛作　輪作

2 次の文を読んで，あとの問いに答えなさい。　10点×5〔50点〕

> 北海道には，以前から（ A ）の人々が暮らしていた。明治時代になると北方の防備の役割をかねた（ B ）兵など移住者による開拓で本格的に発展した。北海道の気候は（ C ）に属し，冬の寒さが厳しく夏が短い。北海道の農業や_a漁業_は，社会の変化に合わせて発展してきた。また美しい自然を生かし，国内でも有数の_b観光地_となっている。

(1) A，Bにあてはまる語句を書きなさい。A（　　　　　　　）B（　　　　　　　）

よく出る (2) Cにあてはまるものを，次から選びなさい。　（　　　）
ア 温帯　イ 亜熱帯　ウ 亜寒帯(冷帯)　エ 寒帯

(3) 下線部aについて，近年盛んに行われている，ほたてなどを人が育てて増やす漁業を何といいますか。　（　　　　　　　）

記述 (4) 下線部bについて，知床五湖周辺で行われているエコツーリズムとはどのような取り組みですか。簡単に書きなさい。
（　　　　　　　　　　　　　　　　　　　）

第1章 地域の在り方

満点★ミッション

❶持続可能な社会
現在だけでなく将来にわたって発展を続けられる社会。

❷調査計画書
調査方法は，具体的に行う内容も書いておくとよい。

❸調査方法
地形図で昔の土地利用を調べたり，野外観察を行ったりすることも調査方法の1つ。

❹聞き取り調査
資料だけではわからないことを，くわしい人や現地の人に実際に聞く。

❺文献調査
ある特定のものごとを調査する際に，書籍などを参考にして調べること。

❻統計資料
国や都道府県，市区町村のホームページには，人口や産業の統計などについて公表している。

❼考察
まとめられた調査結果をもとに，考えをめぐらせる。

❽構想
課題の解決策や実現方法などをまとめたもの。

テストに出る！ ココが要点　解答 p.16

1 課題を把握しよう　教 p.286〜p.287

▷ 地域の在り方について考える…現代の世代だけでなく将来の世代の幸福を満たす（**❶**　　　　　　）な社会を目指すために，私たちにできることが何かを考える。

● 世界の各地域の学習で見られた，世界的な課題は何か。

● 日本の各地域の学習で見られた，地域の課題は何か。

2 地域をとらえよう　教 p.288〜p.289

▷ 追究するテーマの決定後，（**❷**　　　　　　）にまとめる。

● 調査計画書…追究するテーマ・確かめたいこと・（**❸**　　　　　　）などをまとめる。また，立てた仮説をまとめておく。

◇ 調査方法…電話や直接訪問などを行う（**❹**　　　　　　）調査や，インターネットなどを使って調べる（**❺**　　　　　　）調査などがある。

▷ 調査を終えたら，（**❻**　　　　　　）資料などをもとにして，表やグラフなどを作成する。

3 課題の要因を考察しよう　教 p.290〜p.291

▷ 課題の要因の（**❼**　　　　　　）…類似の課題をもつ地域と比較したり，関連付けたりする。

● 他地域の事例は，そのまま生かせない場合があるので注意する。

▷ さまざまな人の立場に立って，課題の要因の**考察**を行う。

4 課題の解決に向けて構想しよう　教 p.292〜p.293

▷ 課題の要因の解決に向けた**構想**…類似の課題を克服してきたほかの地域と比較したり，関連づけたりする。

● インターネットなどで，対象地域の都道府県・市区町村が，課題解決のために行ってきた取り組みについて調べる。

▷ 課題の解決に向けて，私たちにできることを（**❽**　　　　　　）し，グループやクラスで発表・議論する。

● 課題の解決策は，根拠をもって説明するように心がける。

5 構想の成果を発信しよう　教 p.294〜p.295

▷ 構想をレポート・ポスター・報告書などにまとめる→**提言**する。

中間・期末の攻略本

取りはずして使えます！

解答と解説

帝国書院版　社会地理

第1部　世界と日本の地域構成

第1章　世界の姿

p.2　ココが要点

❶大洋
❷太平洋
❸ユーラシア
❹州
❺ヨーロッパ州
❻アジア州
❼島国
❽内陸国
❾国境
❿国旗

p.3　予想問題

1 (1)3：7
　(2)Aユーラシア　Bオーストラリア
　　C南アメリカ
　(3)D太平洋　E大西洋
　(4)南極大陸

2 (1)Aヨーロッパ　Bオセアニア
　　Cアフリカ
　(2)Aイ　Bア
　(3)内陸国　　(4)島国
　(5)アジア州

解説

1 (1)地球の表面の約7割は海であり，地球は「水の惑星」とよばれる。
　(2)Aのユーラシア大陸は世界最大の大陸であり，ヨーロッパ州とアジア州がふくまれる。
　(3)Dの太平洋，Eの大西洋，インド洋を合わせて三大洋という。

2 (1)Aのヨーロッパ州とアジア州は，ロシアのウラル山脈を境にして分かれる。
ミス注意! オセアニア州をオーストラリア州としないように注意しよう。
　(2)ウのアメリカ合衆国は北アメリカ州。

p.4　ココが要点

❶経度
❷赤道
❸本初子午線
❹緯線
❺北緯
❻経線
❼イギリス
❽地球儀
❾世界地図
❿方位

p.5　予想問題

1 (1)赤道
　(2)90
　(3)本初子午線
　(4)イギリス
　(5)(例)球体の地球上の直線を，平面の地図にそのままえがくことはできないから。

2 (1)地図1
　(2)地球儀
　(3)エ
　(4)イ
　(5)ア

解説

1 (1)赤道は，アフリカ州であればビクトリア湖，アジア州であればシンガポール付近，南アメリカ州であればアマゾン川の河口付近を通る。
　(5)球体の地球を平面で表そうとすると，どこかにゆがみが生じる。

2 (1)地図1では，中心以外の地点どうしの距離や方位は正しく表されない。
　(2)地球儀は正確ではあるが，持ち運びに不便である。また，世界全体で，ある分布などを一度に見ようとするときには，多少形や面積が不正確であっても，地図の方が便利である。
　(3)地図1中のXの大陸は南アメリカ大陸である。
　(5)日本列島は「北緯」「東経」の範囲に位置する。

1

第2章　日本の姿

p.6 ココが **要点**

❶緯度　　　　　　❷経度
❸ユーラシア　　　❹太平洋
❺日本海　　　　　❻時差
❼標準時子午線　　❽標準時
❾東経135　　　　❿日付変更線

p.7 予想問題

1 (1)大陸…ユーラシア大陸
　　海洋…太平洋
(2)極東
(3)スペイン，エジプト，トルコ(順不同)
(4)日付変更線　　(5)東経135度
(6)9
(7)12月31日午後11時
2 (1)ウ
(2)Aロシア(連邦)
　　B中国〔中華人民共和国〕
　　C北朝鮮〔朝鮮民主主義人民共和国〕
　　D韓国〔大韓民国〕

解説

1 (2)ヨーロッパからみると東の端になるので「極東」とよばれる。トルコなどヨーロッパに近い地域は「近東」，イランやサウジアラビアなどは「中東」とよばれる。
(3)東北地方とスペインやトルコ，九州南部・沖縄とエジプトがほぼ同緯度である。
(4)太平洋上の経度180度にほぼ沿って引かれている。
(5)日本の標準時子午線(東経135度の経線)は兵庫県の明石市を通る。
(6)経度15度で1時間の時差が発生する。日本の標準時子午線は東経135度であるので，135÷15＝9時間となる。
(7)東京とロサンゼルスの経度差は135＋120＝255度。15度ごとに1時間の時差が生じるので，255÷15＝17時間の時差がある。東京のほうが日付変更線の西側に近いので時刻が早い。つまり，ロサンゼルスは東京より17時間遅い。
2 (1)あまり見ない視点からの地図なので，どこの海を示しているのかしっかり確認しよう。

p.8 ココが **要点**

❶領域　　　　　　❷領土
❸領空　　　　　　❹排他的経済水域
❺北方領土　　　　❻竹島
❼尖閣　　　　　　❽都道府県
❾府　　　　　　　❿都道府県庁所在地

p.9 予想問題

1 (1)Aウ　Bイ
(2)a北方領土　bロシア(連邦)　c竹島
(3)(例)(沿岸国が)魚などの水産資源や海底の鉱産資源などを利用する権利をもつ水域。
(4)う
2 (1)A盛岡市　B水戸市
　　C松江市　D那覇市
(2)E京都府　F大阪府

解説

1 (1)Bの沖ノ鳥島が水没すると40万km²以上の排他的経済水域を失うことになるので，島の護岸工事が行われてきた。アの与那国島は西の端，エの南鳥島は東の端。
(2)Xは北方領土で，択捉島・国後島・色丹島・歯舞群島からなる。Yの竹島は，1905年に国際法によって日本の領土として認められている。
(3)排他的経済水域では，沿岸国以外の船も自由に航行できる。排他的経済水域は，領海を除く200海里(約370km)以内の水域をいう。
(4)日本は島国なので，国土面積よりも排他的経済水域のほうがかなり広くなると考えられる。また，アメリカ合衆国，オーストラリア，ブラジルは，いずれも日本より国土面積が広い。
2 (1)Aは岩手県，Bは茨城県，Cは島根県，Dは沖縄県。
(2)「府」には「都」と同様「みやこ」という意味があり，江戸時代以前から，京都や大阪は日本の中心的都市だった。

練習**しよう** 排他的経済水域の「排他」を攻略！

排他

ミス注意！ 北方領土は，ソ連に占領され，現在はロシアに占拠されている。

第1章　人々の生活と環境

p.10　ココが要点

①熱
②乾燥
③温
④亜寒〔冷〕
⑤寒
⑥スコール
⑦熱帯林
⑧砂漠
⑨オアシス
⑩遊牧
⑪地中海性

p.11　予想問題

1 (1)Aウ　Bイ　Cア
　(2)サバナ気候
　(3)①温暖湿潤気候　②西岸海洋性気候
2 (1)Aスコール　　B地中海性
　(2)オアシス
　(3)(例)えさとなる草や水を求めて，移動し
　　ながら家畜を飼育する農業。
　(4)ウ

解説

1 (1)Aは東南アジアの島で熱帯，Bは西アジア
で乾燥帯，Cはアメリカ合衆国のワシントン
D.C.で温帯に属する。
　(2)熱帯には，年間を通して降水量が多い熱帯雨
林気候と，雨季と乾季に分かれるサバナ気候が
ある。タイのバンコクなどは，サバナ気候。
　(3)①日本の本州・四国・九州は温帯の温暖湿潤
気候に属する。②の「暖流」とは北大西洋海流
を指す。西岸海洋性気候は，西ヨーロッパや
ニュージーランドなどにみられる。
2 (1)B地中海性気候は温帯の気候区である。
　(2)オアシスの周辺で，水が少なくても育つ小麦
やなつめやしを栽培してきた。
　(3)飼っている人間も移動する。
　(4)地中海沿岸では，夏には乾燥に強いオリーブ
やオレンジなどのかんきつ類，ぶどうなどが盛
んに栽培され，雨が降る冬には小麦が栽培され
ている。

練習しよう　「砂漠」を攻略！

砂漠

p.12　ココが要点

①亜寒〔冷〕
②寒
③永久凍土
④放牧
⑤日干しれんが
⑥住居
⑦主食
⑧衣服
⑨キリスト
⑩イスラム
⑪仏

p.13　予想問題

1 (1)亜寒帯〔冷帯〕
　(2)(例)建物から出る熱が永久凍土をとかし，
　　建物がかたむくのを防ぐため。
　(3)①アンデス　　②放牧
　(4)ア，エ(順不同)
　(5)米
2 (1)A仏教　　Bキリスト教
　　Cイスラム教
　(2)ア，エ(順不同)
　(3)ヒンドゥー教

解説

1 (1)シベリアにはタイガとよばれる広大な針葉
樹林が広がっている。
　(2)一般に，寒い地域では防寒対策をするが，シ
ベリアでは，それに加えて家から出る熱を地面
に伝わりにくくする工夫もしている。
　(4)イのアルパカはアンデス山脈でよく飼われて
いる。また，ウはアンデス山脈の高地などに見
られる住居の特徴である。
　(5)中国の南部から東南アジアにかけての主食は
米である。中国の北部など降水量が少ないとこ
ろでは小麦が主食となっている。
2 (2)イは仏教，ウはキリスト教に関係がある。
西暦はキリストが生まれたとされる年を元年と
している。
　(3)インドでは国民の約8割がヒンドゥー教を信
仰している。ヒンドゥー教では牛を聖なる動物
としているので，信者は牛肉を食べない。

練習しよう　永久凍土の「凍土」を攻略！

凍土

ミス注意！　遊牧と放牧の意味を取り違えないよう
にする。

p.14～p.15　ココが要点

❶ヒマラヤ山脈　❷黄河
❸東アジア　❹季節風
❺稲作　❻畑作
❼遊牧　❽仏
❾イスラム　❿ヒンドゥー
⓫キリスト　⓬一人っ子
⓭経済特区　⓮工場
⓯経済格差　⓰大気汚染
⓱再生可能　⓲ハングル
⓳儒　⓴情報通信技術
㉑一極

p.16～p.17　予想問題

1 (1)①東アジア　②南アジア
(2)X雨季　Y乾季
(3)季節風〔モンスーン〕

2 (1)①稲作　②畑作　③遊牧
(2)①ア　②ウ

3 (1)A仏　Bイスラム
　　Cキリスト　Dヒンドゥー
(2)タイ，フィリピン(順不同)
(3)都市

4 (1)経済特区
(2)一人っ子政策
(3)(例)沿海部と内陸部で経済格差が広がっ
　　ていること。

5 (1)Xイ　Yウ　(2)ハングル

解説

1 (1)アジア州の北部にはシベリア(ロシア)も広
がっている。

＋もひとつプラス　アジア州の地域区分

東アジア
中国，日本，韓国，モンゴルなど
東南アジア
タイ，ベトナム，マレーシア，インドネシアなど
南アジア
インド，スリランカ，バングラデシュなど
西アジア
サウジアラビア，イラン，イラクなど
中央アジア
アフガニスタン，カザフスタンなど

(2)(3)季節風(モンスーン)は，夏は海から大陸へ
湿った風が，冬は大陸から海へ乾いた風が吹く。

2 (1)中国の南部から東南アジアにかけては稲作，
中国北部やインドの西部は畑作，西アジアから
中央アジアでは遊牧が盛んに行われている。
(2)エは，遊牧生活を行うモンゴル高原やアラビ
ア半島に見られる。

3 (1)タイでは，仏教徒の僧侶が托鉢とよばれる
修行を行うようすが日常的に見られる。フィリ
ピンは16世紀以降のヨーロッパの人々による布
教活動や植民地支配の影響で，キリスト教徒が
多い。インドはヒンドゥー教徒が国民の約8割
を占める。イランは西アジアの国であり，西ア
ジア・中央アジアにはイスラム教徒が多い。

4 (1)経済特区は沿海部に集中している。
(2)中国では極端な高齢化が進んだため，一人っ
子政策は2016年1月に廃止され，二人目の出産
が認められた。
(3)経済特区がある沿海部は人口1人あたりの総
生産額が多く，内陸部は少ないことから考えよ
う。

5 (1)韓国では，かつて衣服などをつくる軽工業
が盛んだったが，外国の資金・技術支援を受け
て造船・製鉄などの重工業が発達した。現在は，
情報通信機器などの機械類が多くつくられてい
る。

p.18　ココが要点

❶華人　❷米
❸二期作　❹プランテーション
❺工業団地　❻ASEAN
❼ガンジス川　❽ICT
❾パイプライン　❿OPEC
⓫難民

p.19　予想問題

1 (1)二期作　(2)華人
(3)プランテーション
(4)東南アジア諸国連合

2 (1)①米　②小麦　③綿花
(2)情報通信技術
(例)数学の教育水準が高く，英語を使え
る賃金の低い技術者が多いから。

③ (1)サウジアラビア

(2)石油輸出国機構〔OPEC〕

解説

① (1)同じ土地で，同じ作物を年に２回栽培することを二期作，異なる作物を年に２回栽培することを二毛作という。

(3)プランテーションは大規模な農園のことで，欧米諸国による植民地支配と密接な関係がある。

② (1)稲作は，豊富な水と温暖な気候に恵まれた土地で盛ん。乾燥した北西部では小麦の栽培が盛ん。また，降水量の多いスリランカの高地やアッサム地方では茶が特産品である。乾燥した北西部やデカン高原では，綿花の栽培が行われている。

③ (1)サウジアラビアやイランなどが面するペルシア湾岸には油田が集中している。また，日本は，サウジアラビアやアラブ首長国連邦など西アジアの国々から，多くの原油を輸入している。

---

p.20〜p.21 ココが要点

❶国際河川
❷氷河
❸フィヨルド
❹北大西洋
❺偏西風
❻白夜
❼プロテスタント
❽カトリック
❾正教会
❿EU
⓫ユーロ
⓬混合
⓭酪農
⓮地中海式
⓯食料自給率
⓰先端技術
⓱ICT〔情報通信技術〕
⓲航空機
⓳経済格差
⓴難民

---

p.22〜p.23 予想問題

① (1)Aアルプス山脈　Bライン川

(2)フィヨルド　(3)偏西風

(4)北大西洋海流　(5)エ

② (1)Aキリスト　BEU

(2)①ア　②ウ　③イ

③ (1)①地中海式　②小麦

(2)ルール工業地域　(3)イ

④ (1)ユーロ　(2)エ

(3)(例)東ヨーロッパの国々は，西ヨーロッパの国々より工業化が遅れており，人々の所得が低い。

---

(4)ウラル山脈

(5)亜寒帯〔冷帯〕

解説

① (1)Bのライン川は，スイス，ドイツ，オランダなどを流れて北海に注ぐ。

(3)(4)大西洋や北海に面した地域は，暖流の北大西洋海流とその上を吹く偏西風の影響を受けて，冬でも寒さが厳しくない気候となる(温帯の西岸海洋性気候)。

② (1)Aヨーロッパで最も多くの人々に信仰されている宗教はキリスト教である。

＋もひとつプラス　ヨーロッパのキリスト教の宗派

カトリック
フランス，イタリア，スペインなど
プロテスタント
イギリス，ドイツ，スウェーデンなど
正教会
ロシア，ギリシャ，ウクライナなど

(2)ゲルマン系言語は，ヨーロッパ北西部のイギリス(英語)，ドイツ(ドイツ語)など。ラテン系言語は，南部のフランス(フランス語)，イタリア(イタリア語)など。スラブ系言語は東部のロシア(ロシア語)，ポーランド(ポーランド語)など。

③ (1)①②地中海式農業は，ヨーロッパ南部の地中海沿岸で盛んに行われてきた。地中海沿岸は，冬は降水がみられるが，夏は晴天が続き，乾燥する。

(3)EU加盟国の各国の企業が共同で設立したエアバス社では，航空機の生産を行っている。フランスのトゥールーズには，航空機の最終組み立て工場がある。

④ (2)エ「輸入品にかかる税金」とは関税のこと。EU加盟国間では，関税をなくすことで貿易を行いやすくしている。

(3)西ヨーロッパのドイツやフランスの企業が，賃金の安い東ヨーロッパに工場を移転する動きが見られる。一方，東ヨーロッパの国では，多くの労働者がドイツやフランスなどに働きに出るため，労働力が不足する問題が起こっている。

練習しよう　「偏西風」を攻略！

偏西風

❶ナイル　　　　　　❷サハラ
❸熱帯林　　　　　　❹サバナ
（ねったいりん）
❺サヘル　　　　　　❻植民地
（こうさん　しげん）　　　　（しょくみんち）
❼鉱産資源　　　　　❽レアメタル
❾モノカルチャー　　❿NGO

| p.25 | 予想問題 |

1 (1)①熱帯　　②サバナ　　③熱帯林
　　(2)ナイル
　　(3)イ
2 (1)ウ
　　(2)フェアトレード
　　(3)Aイ　Bア　Cウ
　　(4)(例)(特定の)鉱産資源や農産物の輸出に
　　　　たよった経済。

解説

1 (1)①アフリカ大陸では，赤道付近を中心に熱帯の地域が広がり，その南北に乾燥帯，温帯が広がっている。②サバナには，象やシマウマなどの野生動物が生息している。③熱帯林ではいも類やバナナが栽培されており，これらが主食となっている。
(2)Xは世界最長のナイル川。エジプトで地中海に注ぐ。
(3)赤道は緯度0度の緯線。アフリカ大陸ではビクトリア湖を通る。
2 (1)奴隷貿易（X）から植民地分割（Y），そして独立の動き（Z），という流れをおさえる。アフリカで17の国が独立した1960年は，とくに「アフリカの年」とよばれている。
(2)フェアトレードは「公正な貿易」を意味しており，生産者の生活を守るための取り組みとして進められている。
(3)Aコートジボワールはチョコレートの原料となるカカオ豆の生産が盛んで，主な輸出品となっている。Bザンビアは銅の生産が盛んであり，銅の輸出に依存したモノカルチャー経済となっている。Cナイジェリアは原油の生産量が多く，石油輸出国機構（OPEC）にも加盟している。
ミス注意！ サバナ気候は熱帯の気候区，ステップ気候は乾燥帯の気候区。

| p.26 ～ p.27 | ココが**要点** |

❶ロッキー山脈　　　❷プレーリー
❸ミシシッピ　　　　❹グレートプレーンズ
（ごだい）
❺五大　　　　　　　❻ハリケーン
❼ネイティブアメリカン　❽移民
（どれい）
❾奴隷　　　　　　　❿ヒスパニック
⓫適地適作　　　　　⓬放牧
（せんたん　ぎじゅつ）
⓭アグリビジネス　　⓮先端技術
⓯サンベルト　　　　⓰シリコンバレー
⓱シェール　　　　　⓲ショッピングセンター
（たこくせき　きぎょう）　　　　（ちきゅうおんだん　か）
⓳多国籍企業　　　　⓴地球温暖化

| p.28 ～ p.29 | 予想問題 |

1 (1)Aロッキー
　　　Bアパラチア
　　(2)Cウ
　　　Dア
　　(3)ウ
　　(4)①メキシコ湾　②ハリケーン
（わん）
　　　③ミシシッピ川
2 (1)①ネイティブアメリカン
　　　②アフリカ系　③ヒスパニック
　　(2)英語，フランス語(順不同)
3 (1)適地適作
　　(2)Aエ　Bア　Cイ
　　(3)(例)アメリカ合衆国は，世界の国々へ食料を輸出しているから。
4 (1)A…c　B…a
　　　C エ　Dイ
　　(2)サンベルト
　　(3)●…エ　▲…ウ

解説

1 (1)Aのロッキー山脈は標高4000mを超える高い山々が連なり，Bのアパラチア山脈は低くてなだらかな山々が連なっている。
(2)西から東にグレートプレーンズ，プレーリー，中央平原と並んでいる。中央平原にはミシシッピ川が流れている。
(3)西海岸（太平洋岸）と東海岸（大西洋岸）の代表的な都市の名前と位置をおさえておこう。ニューヨークは東海岸にあり，アメリカ合衆国の首都であるワシントンD.C.はニューヨークより南に位置している。

(4)②ハリケーンは，風雨や洪水などにより大きな災害をもたらすことがある。

2 (2)カナダはイギリスの植民地であったが，フランスによって開拓が進められたケベック州などでは，フランス語を話す人の割合が高い。

3 (1)適地適作によって大量の農産物を生産するアメリカ合衆国は，世界最大の農産物の輸出国であり，「世界の食料庫」とよばれている。
(2)降水量が比較的多い東部のうち，五大湖周辺では酪農，五大湖よりも南の地域ではとうもろこし・大豆の栽培，南部では綿花の栽培が行われてきた。降水量の少ない地域(主に西経100度よりも西側の地域)は牧草地として利用されており，肉牛の放牧が盛んである。
(3)アメリカ合衆国は，穀物メジャーとよばれる大企業が中心となって，国際市場で穀物を取引しており，世界中の穀物の価格に影響を与えている。

4 (1)デトロイトは五大湖沿岸の都市で自動車生産が盛んな都市，シリコンバレーはカリフォルニア州(サンフランシスコ郊外)にあるICT産業の拠点である。bは鉄鋼業などが盛んなシカゴ，dは化学工業などが盛んなヒューストンである。
(3)メキシコ湾岸やテキサス州は油田地帯。メサビ鉄山など鉄鉱石の産地は五大湖周辺にある。

p.30	ココ が 要点
❶アンデス	❷アマゾン
❸パンパ	❹先住民（せんじゅうみん）
❺植民地	❻焼畑（やきはた）
❼モノカルチャー	❽スラム
❾地球温暖化（ちきゅうおんだんか）	❿バイオ燃料

| p.31 | 予想問題 |

1 (1)アンデス　(2)ア
(3)パンパ　(4)ア
(5)(例)森林や草原を焼きはらい，その灰を肥料にして作物を栽培（さいばい）する農業。

2 (1)Aプランテーション　B鉄鉱石
　　Ｃ熱帯林
(2)バイオ燃料
(3)スラム

1 (1)アンデス山脈の標高2000m以上の高地には，クスコなどの大都市がある。
(2)赤道(緯度0度の緯線)は，南アメリカ大陸のアマゾン川河口付近を通る。
(4)南アメリカ大陸では，ブラジル以外のほとんどの国がスペイン語を公用語とし，ブラジルではポルトガル語を公用語としている。
(5)焼畑農業はいったんその土地を焼きはらった後，長期間土地を休ませてまた作物を栽培する。

2 (1)Aプランテーションは輸出向けの作物を労働者を雇い，大量に栽培している大規模な農園。
Ｃ肉牛の飼育や大豆の栽培のために，熱帯林が大量に伐採された。

➕もひとつプラス　南アメリカ州の主な国の輸出品

ブラジル	大豆，機械類，肉類，鉄鉱石など
アルゼンチン	大豆飼料，自動車など
チリ	銅，銅鉱石など
エクアドル	原油，魚介類など
ベネズエラ	原油など

(2)さとうきびのほか，とうもろこしもバイオ燃料の原料となる。バイオ燃料は燃やしても計算上は二酸化炭素が増加しない。
(3)スラムは犯罪などの治安問題や環境問題がある。人々の経済格差をなくし，スラムを解消する取り組みが求められている。

p.32	ココ が 要点
❶オーストラリア	❷地熱（ちねつ）
❸サンゴ	❹植民地（しょくみんち）
❺移民（いみん）	❻多文化（たぶんか）
❼アボリジニ	❽マオリ
❾鉱産（こうさん）	❿APEC（エイペック）

| p.33 | 予想問題 |

1 (1)Aミクロネシア　Bポリネシア
　　Ｃメラネシア
(2)Xアボリジニ　Yマオリ
(3)(例)異なる文化を互い（たが）に尊重しあう社会。

2 (1)A　(2)石炭
(3)ボーキサイト
(4)①エ　③ウ　(5)APEC

解説

7

1 (1)ミクロネシアは日付変更線の主に西側，ポリネシアは日付変更線の主に東側，オーストラリア周辺はメラネシアとおさえておこう。ミクロネシアは「小さな島々」，ポリネシアは「多くの島々」，メラネシアは「黒い島々」という意味。

もひとつプラス オセアニア州の国々

ミクロネシア
ミクロネシア連邦，キリバスなど
ポリネシア
ニュージーランド，ツバル，サモアなど
メラネシア
パプアニューギニア，フィジーなど

(2)メスチーソは，南アメリカの先住民と白人との混血をいう。ネイティブアメリカンは北アメリカの先住民である。

(3)オーストラリアでは，公用語である英語以外の言語によるテレビ放送や，異文化理解のための外国語教育などが行われている。

2 (1)羊は南東部・南西部，牛は南東部で飼育頭数が多い。

(2)資源をほぼ自給できない日本は，オーストラリアから大量の鉄鉱石・石炭を輸入している。

もひとつプラス 日本の主な資源の輸入先

石炭
オーストラリア，インドネシア，ロシアなど
石油
サウジアラビア，アラブ首長国連邦など
鉄鉱石
オーストラリア，ブラジル，カナダなど

(4)オーストラリアは，以前は経済的にもイギリスとの関係が深かったが，近年は日本や中国などのアジア諸国との結び付きが強まっている。また，近年は中国や日本などからの観光客が多く訪れ，民間での交流が活発に行われている。

(5)アジア太平洋経済協力（APEC）には，日本などのアジア各国のほか，カナダ，アメリカ合衆国やメキシコ，チリなど南北アメリカの国も参加。

ミス注意！ オーストラリアの北東部でとれるのが石炭，北西部でとれるのが鉄鉱石。

第1章　身近な地域の調査

p.34〜p.35　ココが要点

❶調査テーマ　❷仮説
❸調査項目　❹調査方法
❺野外調査　❻聞き取り
❼ルートマップ　❽文献
❾考察　❿地形図
⓫国土地理院　⓬縮尺
⓭北　⓮地図記号
⓯神社　⓰老人ホーム
⓱田　⓲果樹園
⓳等高線　⓴航空

p.36〜p.37　予想問題

1
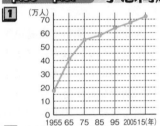

2 (1)①仮説　②調査方法
　③分析　④考察
(2)ルートマップ

3 (1)2万5千分の1の地形図
(2)国土地理院
(3)(例)等高線の間隔がせまいほど，地表の傾斜は急になる。〔等高線の間隔が広いほど，地表の傾斜はゆるやかになる。〕

4 (1)X発電所〔変電所〕　Y市役所
　Z寺院
(2)北西　(3)1
(4)イ，ウ(順不同)

5 (1)老人ホーム　(2)イ，エ(順不同)

解説

1 数値とその数値の年を間違えないように注意。

2 (1)調査結果を考察するときには，最初に立てた仮説が合っていたか検証する。

3 (2)縮尺の分母の数字が小さいほど，より実物大に近くなり，せまい地域のより詳しい情報を表すことができる。

4 (3)地形図上の長さから実際の距離を求めるには，(地形図上の長さ)×(縮尺の分母)で計算する。2万5千分の1の地形図上で4cmなので，4×25000＝100000(cm)＝1000(m)＝1(km)。

(4)**ア**図書館 📖 は見られるが，博物館 🏛 は見られない。**エ**警察署 ⊗ は見られない。

5 (2)**ア**神社 ⛩ の位置は，1955年・2019年ともに同じである。**ウ**1955年の地形図には高速道路がないので，1955年から2019年の間に高速道路がつくられたと考えられる。

第2章　日本の地域的特色

p.38　ココが要点

❶造山帯
❷アルプス・ヒマラヤ
❸環太平洋
❹日本アルプス
❺フォッサマグナ
❻扇状地
❼三角州
❽リアス
❾大陸棚
❿暖
⓫寒

p.39　予想問題

1 (1)X環太平洋造山帯
　　Yアルプス・ヒマラヤ造山帯
(2)エ　(3)日本アルプス
(4)ア　(5)フォッサマグナ
2 (1)A扇状地　B台地　C三角州
(2)ア

解説

1 (2)アルプス山脈は，アルプス・ヒマラヤ造山帯に含まれる。
(4)Aは飛騨山脈，Bは木曽山脈，Cは赤石山脈。奥羽山脈は東北地方の中央部に連なる。
2 (1)A川が山間部から平地に流れ出たところには扇状地ができる。B海沿いの平地などよりも一段高くなっている土地は台地という。C川の河口部に見られるのは三角州である。
(2)暖流のうち，対馬海流は，日本列島の日本海側を北上し，黒潮(日本海流)は，日本列島の太平洋側を北上する。

練習しよう「環太平洋造山帯」を攻略！

環	太	平	洋	造	山	帯

---

p.40～p.41　ココが要点

❶温帯
❷季節風
❸梅雨
❹台風
❺日本海
❻太平洋
❼内陸
❽瀬戸内
❾南西諸島
❿地震
⓫火山
⓬津波
⓭火砕流
⓮高潮
⓯洪水
⓰冷害
⓱減
⓲公助
⓳共助
⓴ハザードマップ

p.42～p.43　予想問題

1 (1)A温　B北海道
(2)梅雨
(3)①う　②い　③お　④え　⑤あ
(4)ウ
(5)(例)日本海をわたってきた湿った季節風が山地にぶつかり，雪を降らせるから。
2 (1)A環太平洋　B液状化　C津波
(2)エ　(3)Z
(4)やませ
3 (1)ハザードマップ
(2)公助ア，エ　自助イ　共助ウ，オ

解説

1 (3)①最も年平均気温が低く，冬の寒さが厳しいう(北海道の気候)。②冬の降水量が多いい(日本海側の気候)。③一年を通して降水量が少なく，夏と冬の気温差が大きいお(内陸の気候)。④一年中温暖で降水量の少ないえ(瀬戸内の気候)。お(内陸の気候)より気温が高いことで判断する。⑤最も年平均気温の高いあ(南西諸島の気候)。
(4)aは瀬戸内の気候，bは内陸の気候，cは北海道の気候，dは南西諸島の気候。
(5)大陸から吹く北西の季節風が日本海をわたるときに水分を含み，日本海側に多くの雪を降らせる。
2 (1)B液状化現象は，地盤のやわらかい地域で起こりやすい。
(2)アは有珠山，イは浅間山，ウは雲仙岳(普賢岳)。
ミス注意！日本海側は冬に北西から吹く季節風の影響で降水量が多く，太平洋側は夏に南東から吹く季節風の影響で降水量が多い。

❶三大都市 ❷過密
❸過疎 ❹少子高齢
❺水力 ❻火力
❼地球温暖 ❽原子力
❾再生可能 ❿レアメタル

1 (1)A東京　B名古屋　C大阪
　(2)イ
　(3)イ，エ(順不同)
2 (1)Xイ　Yエ
　(2)イ
　(3)持続可能な社会

解説

1 (1)東京，名古屋，大阪はすべて平野にあり，企業や大学の数が多い。

➕もひとつプラス　三大都市圏に含まれる都道府県

東京大都市圏
東京都，神奈川県，埼玉県，千葉県，茨城県など
京阪神大都市圏
大阪府，京都府，兵庫県など
名古屋大都市圏
愛知県，岐阜県，三重県など

(2)ア秋田県は32％以上である。イ石川県と福岡県はともに26〜32％なので正しい。ウ高知県は31％以上，宮崎県は29〜32％である。
(3)過密は，過度に人口が集中することをいい，主に都市部で起こっている。バス路線の廃止や病院の統合は過疎による問題。

2 (1)原油はサウジアラビア，アラブ首長国連邦など西アジアの国々からの輸入量が多い。アはオーストラリアやマレーシア，ウはオーストラリアやインドネシアからの輸入量が多い。これらの鉱産資源は，主に船で運ばれている。
(2)火力発電は，日本で特に発電割合が高い。Aは水力発電，Cは原子力発電。フランスでは，主に原子力発電によって国内の電力需要がまかなわれている。

練習しよう「過疎」を攻略！

過疎

❶稲作 ❷近郊
❸促成 ❹果樹
❺食料自給率 ❻栽培
❼太平洋ベルト ❽加工
❾貿易摩擦 ❿空洞化

1 (1)①果樹栽培　②近郊農業　③稲作
　(2)ア
　(3)X沖合漁業　Y遠洋漁業
2 (1)A京浜工業地帯　B中京工業地帯
　(2)イ
　(3)(例)原料などを輸入し，高い技術力で工業製品に加工して輸出する貿易。

解説

1 (2)日本は，機械化が進んだことなどにより，労働時間が短くなり，収穫量が増加した。
(3)1970年代に世界各国が排他的経済水域を設定すると，遠洋漁業の漁獲量が減少した。その後，不漁の影響から沖合漁業の漁獲量も減少した。

➕もひとつプラス　「育てる漁業」

養殖業
いけすなど人工的な池で，魚や貝，海藻類などを育てること。
栽培漁業
稚魚・稚貝などを川や海に放流し，自然の中で育てること。

2 (1)京浜工業地帯は東京都・神奈川県・埼玉県に，中京工業地帯は愛知県・三重県に広がる。
(2)重化学工業には，金属工業(鉄鋼・洋食器などをつくる)・機械工業(テレビ・自動車・エレベーターなどをつくる)・化学工業(ガソリン・医薬品などをつくる)が含まれる。その中で，先端技術産業は，最先端の高度な技術を用いて製品をつくる産業のこと。なお，軽工業では，衣類・食品などがつくられる。

ミス注意！ 作物の成長を早めるのが促成栽培で，遅らせるのが抑制栽培。

練習しよう「栽培」を攻略！

栽培

❶1　　　　　　　　❷2
❸3　　　　　　　　❹商
❺サービス　　　　❻ICT
❼高速交通　　　　❽高速通信
❾情報格差　　　　❿7

p.49　予想問題

1 (1)①イ，ウ　　②エ，カ
　　③ア，オ
　(2)イ　　(3)ア

2 (1)(例)軽くて高価なため，航空機で運んで
　　も採算が合うから。
　(2)X鉄道　Y自動車

3 (1)関東地方
　(2)群馬県，埼玉県，茨城県，栃木県(順不同)

解説

1 (2)北海道や沖縄県は観光業がさかんなため，
全国の中でも第3次産業に従事して働く人の割
合が高い都道府県である。
(3)Bは大型スーパーマーケット，Cはコンビニ
エンスストア，Dは消費者向け電子商取引。近
年は，デパートで買い物をする人が減り，郊外
の大型スーパーマーケット(ショッピングセン
ターなど)で買い物をしたり，インターネット
で商品を購入したりする電子商取引がさかんに
なってきている。

2 (1)電子部品は小型であるため，航空機で一度
に大量に運べるという利点がある。野菜や生花
など新鮮さが重要なものも，素早く運べる航空
機が使われている。
(2)旅客輸送・貨物輸送ともに，かつては鉄道の
占める割合が高かったが，近年はその割合を大
きく減らし，代わって自動車の割合が高くなっ
ている。一方で，大都市圏を中心に鉄道網が発
達しており，通勤・通学で鉄道を利用する人が
多いため，ほかの先進国に比べると，旅客輸送
における鉄道の割合は高い傾向にある。

3 7地方区分は，北海道地方，東北地方，関東
地方，中部地方，近畿地方，中国・四国地方，
九州地方。山梨県は中部地方，三重県は近畿地
方，福島県は東北地方，大分県は九州地方に含
まれる。

第3章　日本の諸地域

❶カルデラ　　　　❷筑紫平野
❸リアス　　　　　❹南西
❺暖　　　　　　　❻梅雨
❼火山灰　　　　　❽温泉
❾地熱　　　　　　❿シラス
⓫ブランド　　　　⓬二毛作
⓭促成　　　　　　⓮福岡
⓯北九州　　　　　⓰公害
⓱IC　　　　　　　⓲サンゴ
⓳観光　　　　　　⓴アメリカ

p.52 ～ p.53　予想問題

1 (1)A筑後　B宮崎　C九州　D桜
　(2)(例)火山の噴火などによる陥没でできた
　　大きなくぼ地。
　(3)ア

2 (1)温泉　(2)火砕流
　(3)イ　(4)屋久島

3 (1)Xエ　Yア
　(2)二毛作
　(3)①促成栽培　②Aア　Bウ

4 (1)鉄鋼(業)　(2)水俣病　(3)アメリカ軍
　(4)イ

解説

1 (1)桜島は，現在も火山活動が活発である。
(2)阿蘇山のくぼ地の中に平野が広がる。

2 (2)液状化は地震，高潮は台風など強風，洪水
は大雨(集中豪雨)により発生する。
(3)地熱発電は，火山の多い東北地方・九州地方
で主に行われている。

3 (1)肉牛は北海道，鹿児島県の飼育頭数が多い。
(3)②茶は鹿児島県の笠野原台地で盛んに栽培さ
れている。米は，九州地方では福岡県・佐賀県
に広がる筑紫平野などで栽培されている。

＋もひとつプラス　促成栽培と抑制栽培

促成栽培
野菜などの成長を早め，出荷時期を早める

抑制栽培
野菜などの成長を遅らせ，出荷時期を遅らせる

4 (1)北九州工業地帯は，鉄鉱石の輸入先であった中国に近く，江戸時代から採掘が行われていた筑豊炭田も近くにあったことから，官営の八幡製鉄所を中心に鉄鋼業で発展した。

(2)水俣病は高度経済成長期に発生した四大公害病の一つ。八代海の沿岸で発生した。

➕ **もひとつプラス　四大公害病**

公害病	原因物質	発生地域
水俣病	有機水銀	八代海沿岸（熊本県・鹿児島県）
新潟水俣病	有機水銀	阿賀野川流域（新潟県）
イタイイタイ病	カドミウム	神通川流域（富山県）
四日市ぜんそく	亜硫酸ガス	四日市市（三重県）

(4)りんごは，青森県・長野県などすずしい気候の県で栽培される。

ミス注意! 二毛作は，1年に2回同じ耕地で異なる作物を栽培すること。二期作は，1年に2回同じ耕地で同じ作物を栽培すること。

練習しよう 水俣病の「俣」を攻略！

俣

p.54 ココが要点
❶山陰
❷ため池
❸本州四国連絡橋
❹瀬戸大橋
❺瀬戸内
❻コンビナート
❼促成
❽過疎
❾地域
❿瀬戸内しまなみ海道

p.55 予想問題
1 (1)A瀬戸大橋　B瀬戸内しまなみ
(2)(例)自動車をもたない人や高齢者。〔フェリーに移動をたよっていた人々。〕
2 (1)Xウ　Yア　Zイ
(2)石油化学コンビナート
(3)①A鳥取　B原爆ドーム
　　C促成栽培
　②石見銀山

解説

1 (1)瀬戸大橋は，3つの中で最も早く開通した。

➕ **もひとつプラス　本州四国連絡橋**

児島(倉敷)－坂出ルート
【瀬戸大橋】1988年開通。岡山県と香川県を結ぶ。
神戸－鳴門ルート
【大鳴門橋・明石海峡大橋】1998年開通。大鳴門橋…徳島県鳴門市と淡路島(兵庫県)を結ぶ。明石海峡大橋…淡路島と兵庫県明石市を結ぶ。
尾道－今治ルート
【瀬戸内しまなみ海道】1999年開通。広島県と愛媛県を結ぶ。

(2)新しい交通路や交通手段が生まれると，その地域に住む人々にさまざまな影響を与える。

2 (1)冬に北西の季節風の影響を受ける山陰は，冬の降水量が多い。山地に挟まれた瀬戸内は，1年を通して降水量が少なく晴天の日が多い。暖流の黒潮の影響を受ける南四国は温暖で夏の降水量が多い。

(2)石油化学コンビナートでは，関係のある工場どうしが互いにパイプラインで結ばれている。このような工場でつくられる製品には，プラスチック・医薬品などがある。

➕ **もひとつプラス　瀬戸内工業地域の工業都市**

石油化学コンビナートがある工業都市
岡山県倉敷市(水島地区)・山口県周南市など
製鉄所がある工業都市
広島県福山市など

(3)①A鳥取県には鳥取砂丘がある。B広島市の市内には世界遺産の原爆ドームがある。広島市は，第二次世界大戦(太平洋戦争)末の1945年8月6日に原子爆弾の投下により被害を受けた。他に広島県内には，廿日市市にある厳島神社が世界遺産になっている。C高知平野では温暖な気候を生かし，ビニールハウスなどを利用して，なす・ピーマンの促成栽培が行われている。

練習しよう 「山陰」を攻略！

山陰

❶琵琶（びわ）　❷淀（よど）
❸若狭（わかさ）　❹季節風
❺黒（くろ）　❻ため池
❼京阪神（けいはんしん）　❽ニュータウン
❾天下の台所　❿阪神（はんしん）
⓫地盤（じばん）　⓬公害
⓭重化学　⓮中小企業（きぎょう）
⓯古都　⓰伝統的工芸品
⓱林　⓲吉野すぎ（よしの）
⓳地球温暖（ちきゅうおんだん）　⓴志摩半島（しま）

1 (1)リアス海岸
　(2)B 琵琶湖　C 紀伊山地
　(3)イ　(4)ウ
2 (1)①神戸　②京阪神大都市圏　③B
　(2)ニュータウン
　(3)ウ
3 (1)A ウ　B エ
　(2)イ　(3)公害
　(4)中小企業
4 (1)古都
　(2)イ，ウ（順不同）
　(3)エ
　(4)(例) 伝統的な町並みを守るため。

解説

1 (2)B 琵琶湖は滋賀県の約 6 分の 1 の面積。
(4)奈良県では「吉野すぎ」が高品質な木材のブランドとなっている。紀伊山地では昔から林業が盛んに行われてきたが，近年は安い外国産木材の輸入が増え，その影響で林業に従事する人が減ってきた。

2 (1)A は兵庫県神戸市，B は大阪府大阪市，C は京都府京都市。
③大阪は，江戸時代に商業の中心都市となっていた。また，大阪の中心部に堀川という運河が通っていることから，大阪は「水の都」ともよばれている。
(2)D は千里ニュータウン。近畿地方には，1960 年代以降，千里・泉北・須磨などのニュータウンがつくられてきた。
(3)ウ…ヨシはりんを養分として育つので，ヨシ

を湖岸に植えて，琵琶湖の水質を改善することが目指されている。

3 (1)1983年・2017年ともに，占める割合が最も高いことから A が機械。B と C について，1983 年と2017年で，占める割合が減少している B が鉄鋼・金属，占める割合が増加している C が化学。D は2017年の割合が1.3％にまで減っているので繊維である。
(2)b は1960年代，c は1980年代，d は2000年代，a は現在の阪神工業地帯の臨海部について説明している。
(4)東大阪市や八尾市など内陸部の都市には，独自の高い技術力をもった中小企業の町工場が多く見られる。

4 (1)京都の市街地には，碁盤の目のように区切られた町並みが見られる。
(2)ア は沖縄県で用いられる弦楽器。エ は滋賀県の伝統的工芸品。京都府では，「祇園祭」のような伝統行事も現代に伝えられている。
(3)原爆ドームは，中国・四国地方の広島県広島市にある世界遺産である。太平洋戦争末期に投下された原子爆弾（原爆）の悲惨さを後世に伝えている。ア は兵庫県，イ は京都府，ウ は奈良県にある世界遺産。

ミス注意！ 京阪神大都市圏は，京都・大阪・神戸，阪神工業地帯は大阪府・兵庫県。

練習しよう 琵琶湖の「琵琶」を攻略！

琵	琶				

❶日本アルプス　❷信濃（しなの）
❸東海（とうかい）　❹中央高地（ちゅうおうこうち）
❺北陸（ほくりく）　❻自動車
❼四日市（よっかいち）　❽中京（ちゅうきょう）
❾陶磁器（とうじき）　❿名古屋（なごや）
⓫東海（とうかい）　⓬園芸（えんげい）
⓭抑制（よくせい）　⓮遠洋（えんよう）
⓯扇状地（せんじょうち）　⓰高原（こうげん）
⓱精密機械（せいみつきかい）　⓲銘柄米（めいがらまい）
⓳単作〔一毛作〕（いちもうさく）　⓴地場（じば）

1 (1)日本アルプス

(2)エ

(3)Dア　Eイ

(4)F濃尾　G富山

(5)金沢

2 (1)①ウ　②ア　③エ

(2)中京

(3)ウ

3 (1)ウ　(2)施設園芸農業

(3)ウ

4 (1)①製糸業　②ぶどう　③精密機械工業

(2)(例)茨城県や静岡県の出荷量が少なくなる夏の時期に多く出荷している。

5 (1)単作〔一毛作〕

(2)ア

解説

1 (2)Aは飛驒山脈，Bは木曽山脈，Cは赤石山脈である。

(3)アの信濃川は日本最長の川である。ウ，エはFの濃尾平野を流れ，揖斐川とともに木曽三川ともよばれる。

(5)北陸には新潟，富山県，石川県，福井県がある。このうち，県名と県庁所在地名が異なるのは石川県(金沢市)。

2 (1)①岐阜県多治見市・愛知県瀬戸市では，陶磁器をつくる技術をもとにしてファインセラミックス産業が盛んである。②愛知県豊田市は「自動車の町」とよばれ，世界的な自動車メーカーの本社がある。③三重県四日市市には石油化学コンビナートがある。

(2)中京工業地帯は愛知県・三重県の臨海部を中心に広がっている。

(3)愛知県が全体の約4割を占めていることに注目する。ア・イは兵庫県，エは長野県が上位に入る。長野県松本市・伊那市などでは，電子部品などをつくる電気機械工業が盛んである。

3 (1)A静岡県・鹿児島県が上位であることに注目する。静岡県では牧ノ原台地など，鹿児島県では笠野原台地などで茶の栽培が盛んである。Bは愛知県・群馬県・千葉県など，大都市に近いところで生産が盛んであることに注目する。みかんは，和歌山県・静岡県・愛媛県など，菊

は愛知県・沖縄県などで生産が盛ん。

(2)「温室」という施設を使っていることに注目する。

(3)東海市は愛知県にあり，製鉄所で鉄鋼の生産が盛んである。また，紙・パルプをつくる製紙・パルプ工業は静岡県富士市周辺で盛ん。

4 (1)①繭のもととなる蚕を育てる農業を養蚕といい，繭から糸をつくる工業を製糸業という。

(2)長野県の高原は夏でも涼しいため，レタスやキャベツなどの高原野菜の栽培が盛んである。また，八ケ岳のふもとにある野辺山原では，野菜の成長を遅らせて出荷時期を遅らせる抑制栽培により，レタスを夏に出荷している。

5 (1)北陸の地場産業は，農作業ができない冬の間の副業から始まった。

もひとつプラス　単作・二毛作・二期作

単作(一毛作)
1年に，同じ耕地で1種類の作物をつくること

二毛作
1年に，同じ耕地で異なる作物をつくること

二期作
1年に，同じ耕地で同じ作物を2回つくること

(2)イでは小千谷縮，ウでは金属製品(金属洋食器)，エでは輪島塗がつくられている。

練習しよう　濃尾平野の「濃尾」を攻略！

濃尾

❶関東　　　　　　　❷関東ローム

❸季節風　　　　　　❹ヒートアイランド

❺首都　　　　　　　❻夜間

❼副都心　　　　　　❽東京

❾再開発　　　　　　❿ニュータウン

⓫政令指定都市　　　⓬サービス

⓭京浜　　　　　　　⓮印刷

⓯京葉　　　　　　　⓰北関東

⓱工業団地　　　　　⓲近郊

⓳房総半島　　　　　⓴Iターン

1 (1)A房総　B利根　C越後

(2)関東ローム　(3)砂浜海岸

(4)(例)中心部の気温が周辺部よりも高くなる現象。

② (1)昼間人口　(2)副都心
(3)エ　(4)埋立地

③ (1)政令指定都市　(2)サービス業
(3)X京浜工業地帯　Y京葉工業地域

④ (1)①エ　②イ　③ウ
(2)B…Uターン　C…Iターン
(3)ウ

解説

① (1)B利根川は日本で最も流域面積が広い河川。
(3)砂浜海岸は，直線的な海岸線となる。
(4)高層ビルや高層マンションなどが立ち並ぶと，地表面に熱がこもりやすく，気温が下がりにくくなる。

② (1)夜間人口はその地域に住む人の数，昼間人口は，夜間人口に通勤・通学で移動する人の数を加えた数。東京は，多くの企業・大学があり，近隣から通勤・通学で流入してくる人の数が多いため，昼間人口が夜間人口よりも多くなる。
(3)ア幕張新都心は千葉市～習志野市。イニュータウンは大都市の郊外，ウ茨城県つくば市。

③ (2)第3次産業のうち，商業(卸売業・小売業)をのぞいたものがサービス業にあたる。
(3)Y京葉工業地域には，石油化学コンビナートが立ち並び，化学工業が中心。

④ (1)関東地方では近郊農業が行われ，各地の特色に応じた農産物がつくられている。
(2)Uターンは，地方の出身者が大都市圏に移住し，再び出身地やその近くに戻ること。Iターンは，大都市圏出身者が地方に移り住むこと。
(3)ウは山間部の村ではなく，都市部でみられる。

ミス注意! 東京都・神奈川県・埼玉県に広がる工業地帯が京浜工業地帯，千葉県の臨海部に広がる工業地域が京葉工業地域。

---

p.68　ココが要点

❶三陸海岸　❷やませ
❸伝統　❹冷害
❺減反(げんたん)　❻銘柄米(めいがらまい)
❼さくらんぼ　❽潮目(しおめ)
❾東北地方太平洋沖地震(たいへいようおきじしん)　❿南部(なんぶ)

---

p.69　予想問題

① (1)X奥羽山脈(おうう)　Y白神山地(しらかみ)
(2)①ウ　②エ
(3)やませ
(4)①ウ　②イ
(5)(例)暖流と寒流が出会う豊かな漁場。
(6)イ
(7)仙台

解説

① (1)Y白神山地は，貴重なぶなの原生林が広がり，世界遺産(世界自然遺産)に登録されている。
(2)庄内平野は山形県，仙台平野は宮城県。
(3)やませが吹くと，曇りの日が増えて日照不足となり，米が育つために必要な日照時間が減る。
(4)りんごは青森県の生産量が全国の半分以上を占める。さくらんぼは，山形県の生産量が全国の7割以上を占めることをそれぞれおさえよう。アは山梨県や福島県が上位に入っていることから，桃の生産量を示している。
(5)日本列島の太平洋側には，暖流の黒潮(日本海流)と寒流の親潮(千島海流)が流れている。この2つの海流は，三陸海岸沖でぶつかり，潮目(潮境)となってよい漁場を形成する。
(6)もともと製糸業が盛んであったのは，中部地方の長野県や関東地方の群馬県などである。

ミス注意! 白神山地と北上高地の「神」「上」の字をそれぞれ混同しないように注意しよう。

練習しよう 奥羽山脈の「奥」を攻略！

奥						

---

p.70　ココが要点

❶亜寒〔冷〕(あかん)　❷流氷(りゅうひょう)
❸利雪(りせつ)　❹泥炭地(でいたんち)
❺開拓使(かいたくし)　❻畑作(はたさく)
❼輪作(りんさく)　❽酪農(らくのう)
❾北洋　❿エコツーリズム

---

p.71　予想問題

① (1)X石狩(いしかり)　Y根釧(こんせん)
(2)ア
(3)①酪農(らくのう)
②乳製品

15

2 (1)Aアイヌ B屯田

(2)ウ

(3)養殖業

(4)(例)生態系の保全と，観光を両立させる取り組み。

解説

1 (1)Xの石狩平野は農業に適さない泥炭地が広がっていたが，客土などによる土地改良が行われた結果，全国有数の米の生産地になった。

➕ もひとつプラス 北海道地方の農業

石狩平野
稲作地帯。かつては泥炭地が広がっていた。
十勝平野
畑作・酪農。輪作を行う。
根釧台地
酪農。1950年代から大規模な農場がつくられる。

(3)①混合農業は，小麦などの栽培と家畜の飼育を組み合わせる農業。遊牧は，草や水を求めて，羊などの家畜とともに移動する牧畜。二毛作は，1年に2回，同じ耕地で異なる作物を栽培する。

(3)②チーズ・バター・アイスクリームなど，牛乳を加工してつくられるものをまとめて乳製品という。

2 (1)北海道には，アイヌ語に由来する地名がある。たとえば，「札幌」はアイヌ語の「サッポロペッ(乾いた大きな川，という意味)」に由来している。

(2)亜寒帯(冷帯)に属する地域は，夏と冬の気温差が大きく，冬は寒さが厳しい。

(3)北海道では，ほたて・こんぶなどの養殖が盛ん。稚魚や稚貝を放流し，漁業資源を増やす栽培漁業と区別する。また，かつて北海道ではアラスカ沖で，「さけ」や「すけとうだら」などをとる北洋漁業が行われていたが，各国が排他的経済水域を設定するようになったことで，現在は衰退した。

(4)開発で，観光客が森の奥深くまで入り込むことによって，野生動物の生息域がせばまったり，植物が踏み荒らされたりすることがある。

練習しよう 「酪農」を攻略！

酪農

第1章 地域の在り方

p.72 ココが要点

❶持続可能 ❷調査計画書
❸調査方法 ❹聞き取り
❺文献 ❻統計
❼考察 ❽構想